日本一やさしい

スタートアップ投資

非上場

の教科書

波多江 直彦
イークラウド株式会社代表取締役

ビジネス教育出版社

はじめに

売り手よし、買い手よし、世間よし。「三方よし」とは、日本を代表する企業のルーツ・近江商人の経営哲学を表した言葉として知られています。

持続可能な開発目標（ＳＤＧｓ）においても触れられているように、持続可能な生産・消費形態が注目される昨今、個人のお金の使い道も、できるならば世の中のためになるように回せたらいいな、と感じる人が増えてきたように思います。

「株式投資型クラウドファンディング」で取り扱う非上場株式は、日増しに注目度が高まる「投資」のジャンルの中でも、「三方よし」の性格を帯びる投資商品であると考えています。

株式や投資信託ほど認知度は高くないけれど、クラウドファンディングの仕組みで挑戦者を直に応援できる。挑戦者の成功が投資家や社会に還元されることを実感できる、という意味で、売り手（＝スタートアップ）、買い手（＝個人投資家）、世間（＝新たなビジネスを享受する消費者や日本経済全体）のすべてに良い、という点が株式投資型クラウドファンディングの面白さといえるでしょう。

私たちイークラウド株式会社は、この株式投資型クラウドファンディングのプラットフォーム「イークラウド」を2020年から運営しています。

そして代表の私、波多江直彦は、イークラウド創業前は、ベンチャーキャピタル（VC）であるサイバーエージェント・ベンチャーズ（現サイバーエージェント・キャピタル）やXTech Venturesに所属し、さまざまなスタートアップへの投資を担当してきました。

VCは、非上場のスタートアップに出資し、出資先企業から出資に応じた株式を取得します。出資先のスタートアップが上場（IPO）や売却（M&A）などでイグジットを果たした際に、価値の上がった株式を売却し、出資時との差額分を利益（キャピタルゲイン）として得るビジネスモデルです（その他にも運用額に応じて年間数%の管理報酬を受け取ることがあります）。

非上場のスタートアップに対する投資は、個人でも可能です。若いスタートアップに投資したほうが、成熟した企業への投資よりも値上がり益が期待でき、株価数倍から数十倍、数百倍を狙うことも不可能ではありません。ただ、詳細は本編で説明しますが、スタートアップ投資には一定のハードルがあり、一般の個人が手を出すには難しい状況でした。

こうしたVCをはじめとしたプロ投資家が行ってきたスタートアップ投資の機会を、株式投資型クラウドファンディングという制度を通じて一般の個人にも開放したい。エンジェル投資を民主化したい。そう考えて立ち上げたのがイークラウドでした。

本書は、今はまだ「知る人ぞ知る」存在である株式投資型クラウドファンディングについて、主に買い手である投資家の皆様から見た魅力を伝えられるよう執筆しました。僭越ながらタイトルで「日本一やさしい」と自称いたしましたが、これまでスタートアップ投資に触れる機会が少なかった方にもわかりやすくお伝えすることを目指しています。

第1章では、スタートアップと、個人がスタートアップに投資することを指す「エンジェル投資」について説明します。第2章では、株式投資型クラウドファンディングのメリットとデメリットについて、第3章では、投資家が留意しておくべきことについて解説します。

第4章では、実際にイークラウドを通じてエンジェル投資を行った個人投資家や、資金調達をした起業家のインタビューを掲載しています。「世間よし」にもつながりますが、社会の課題解決を目指す企業を「応援」すること、たくさんの「応援団」を味方にすることの意義が、生の声からおわかりいただけると思います。

第5章では、プラットフォームを使ったエンジェル投資の始め方を解説し、第6章では海外動向などから将来の株式投資型クラウドファンディングを展望します。

折しも、政府は2022年から明確に「スタートアップ育成支援」や「資産所得倍増」を掲げ、株式投資型クラウドファンディングも主要な経済対策の中に組み込まれています。株式投資型クラウドファンディングは英国・米国が先行しており、日本でも市場の拡大が期待されるところです。

本来、投資というものは、単にお金を増やす手段というだけではなく、投資家が企業やプロジェクトに資金を提供することで、経済活動が活性化され、新たな価値が生み出されるという「三方よし」の営みです。スタートアップへの投資はこうした、企業の成長と価値提供をより身近に感じられる魅力があります。

よく知られたスタンダードな投資や、短期的な変動とにらめっこする投資とは、少し違ったテイストをお探しの方に、この本をお手に取っていただけたら幸いです。

本書が皆様にとって株式投資型クラウドファンディングの魅力を味わうきっかけとなることを祈っています。そして株式投資型クラウドファンディングが、挑戦者と応援者をつなぎ、より豊かな未来を築く一助となることを期待しています。

イークラウド株式会社　代表取締役　**波多江　直彦**

※本書では特に注釈がない限り、1アメリカドル＝145円・1ポンド＝183円・1ユーロ＝158円で換算しています。

日本一やさしい スタートアップ投資の教科書　目次

第2章　株式投資型クラウドファンディングの魅力とリスク　53

第6章

未来の株式投資型クラウドファンディング

第1章

スタートアップとエンジェル投資

世の中を変えるスタートアップ

最近、以前にも増して「スタートアップ」という言葉をよく耳にするようになったと感じる方も多いのではないでしょうか。変化の大きな時代にあって、大企業中心の経済構造を変革する必要性が日本でも指摘されるようになり、経済界、政府、メディアでもスタートアップを話題とする機会がぐっと増えています。

スタートアップは、新しいアイデアや技術をもとに、新しい市場やビジネスモデルを開拓しようとする、創業間もない企業です。イノベーションや市場の変化などを背景に生まれ、新しいニーズや課題を解決することを目的に事業を展開していきます。

近年は私達の身の回りにも、急速に成長しているスタートアップの成功事例が数多く見られます。

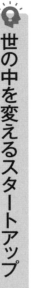

例えば、皆様が仕事などでも使用しているビデオ会議アプリの「ズーム」、自然な文章コミュニケーションで世界中の注目を集めている会話型人工知能（ＡＩ）の「チャットＧＰＴ」、フードデリバリーサービスの「ウーバーイーツ」などは、いずれもスタートアップが生んだサービスの代表例といえるでしょう。

これらスタートアップの成功は、人々の暮らしを便利に変え、経済や社会に大きなインパクトを与えます。世界に目を向けると特に、ＡＩ、バイオテクノロジー、環境技術、暗号資産などの分野で、革新的なスタートアップが続々と登場し、従来のビジネスモデルや産業構造をわずかな期間で変革しています。

スタートアップの成長はマクロ的にもインパクトのあることです。今や世界市場で圧倒的な存在感を見せる巨大ＩＴ企業のＧＡＦＡＭ（グーグルの親会社アルファベット、アップル、メタ＝旧フェイスブック、アマゾン・ドット・コム、マイクロソフト）。２０１０

図表１　日本（TOPIX）と米国（S&P）における直近10年間の株式市場のパフォーマンスの推移＊1

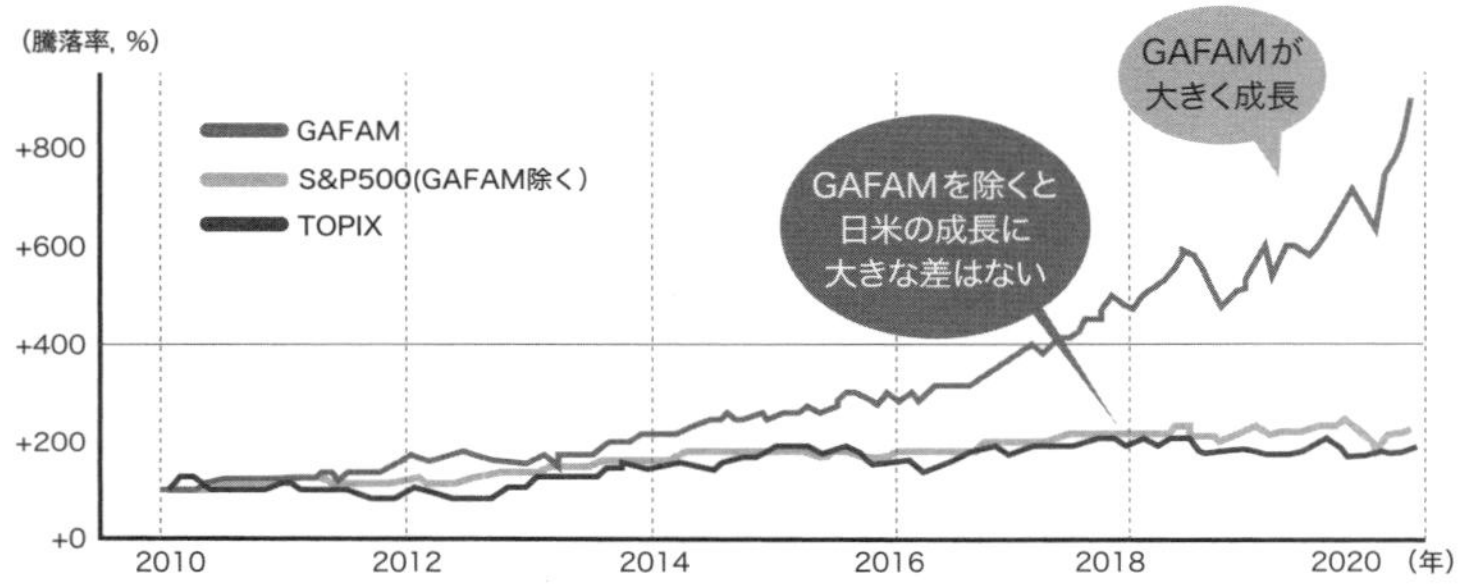

＊1：2010年1月の各終値を100とおいた場合の騰落率。休場日は前営業日の終値をプロットしている。
（出所：S＆P500指数、GAFAM時価総額推移、日経平均株価指数データを元にオコスモ作成。）

年以降のアメリカ経済の成長を語るうえで欠かせないのが、当時スタートアップであったこのＧＡＦＡＭの存在です。この5社の成長を定量的に示したデータが、経済産業省産業構造審議会の資料にあります。

資料では、株式市場における日本のＴＯＰＩＸ（東証株価指数）とＧＡＦＡＭ5銘柄の過去10年間のパフォーマンスについて比較しています。日本のＴＯＰＩＸは、２０１０年を１００とした場合の騰落率が、２０２０年までプラス１００～２００％の間をほぼ横ばいで推移しているのに対し、ＧＡＦＡＭは２０１４年ごろから徐々に成長し２０２０年時点での騰落率はプラス９００％を超えています。

一方で、アメリカの主要銘柄で構成する「Ｓ＆Ｐ５００」からＧＡＦＡＭを除いた「Ｓ＆Ｐ４９５」をみると、騰落率は10年間でプラス１００～２００％の間を推移し、一番高い時でもプラス２００％をやや超える程度にとどまっています。

この「Ｓ＆Ｐ４９５」と日本のＴＯＰＩＸを比較すると騰落率はほぼ差がなく、現在のアメリカ経済の成長は、ＧＡＦＡＭをはじめとするスタートアップが牽引しているということがわかります。こうしたデータから、「スタートアップは成長のドライバーであり、将来の雇用、所得、財政を支える新たな担い手である」と、審議会資料は指摘しています。

「Jカーブ」を描くスタートアップ

変化の激しい市場でビジネスを行うスタートアップは、未来の大きな成功（利益）のために、リスクを厭わずにビジネスをスタートさせていきます。

スタートアップの成長プロセスを示すものとして「Jカーブ」と呼ばれる成長曲線があります。Jカーブの成長曲線は、事業開始後の数年間は赤字であるものの、その後に短期間で急成長を果たして黒字転換し、累積損失を回収するパターンを示します。

事業の立ち上げ当初にJカーブの成長曲線がマイナスに振れる理由は、新たな課題や仮説検証・解決策の仮説検証・商品やサービスの開発などによって資金を消耗するためです。

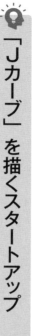

図表２　急成長を目指すのがスタートアップ

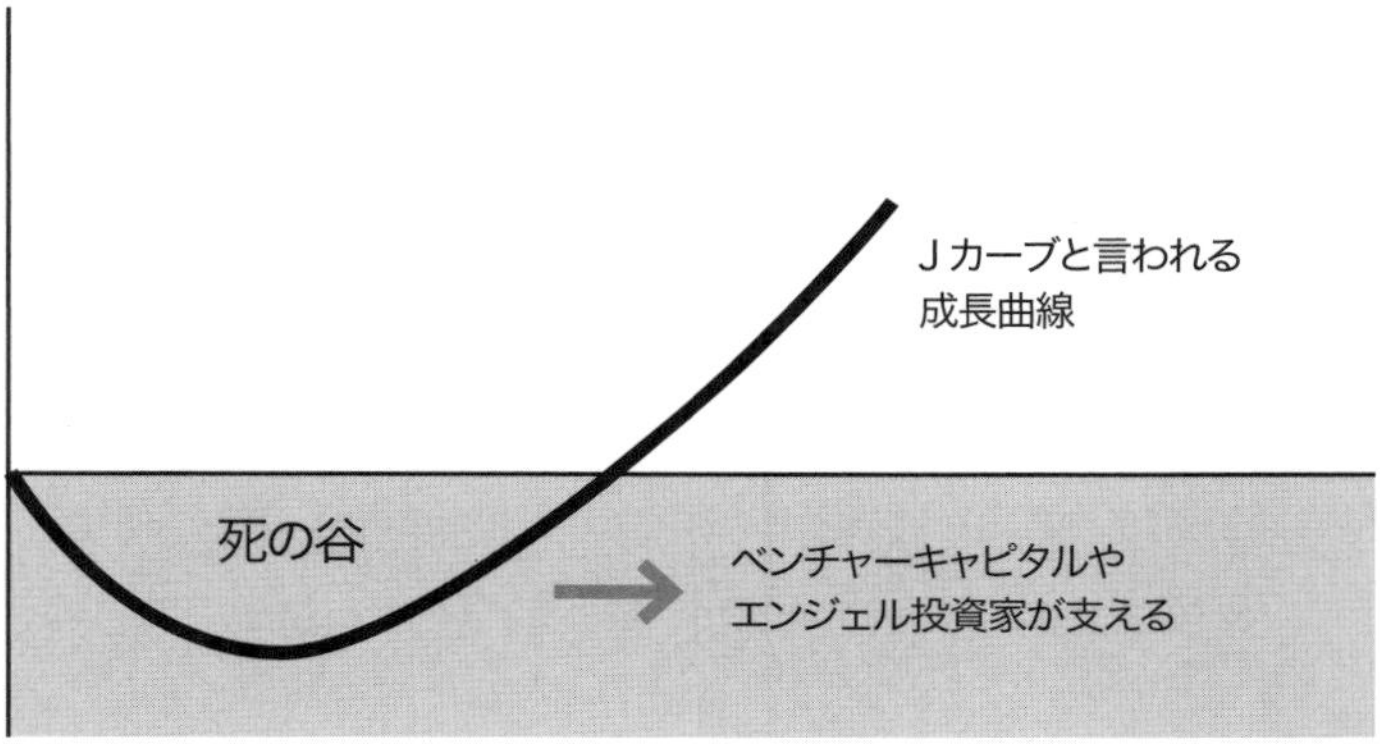

よく技術の社会実装の過程で待ち構える困難を、「魔の川」「死の谷」「ダーウィンの海」と表現します。

魔の川は、基礎研究をして世の中のニーズに結びつくかどうか、製品化できるかどうかの難所。死の谷は、製品を開発し、調達、流通などの体制を構築し、さらに収益を得られるようにするまでの難所。ダーウィンの海は、事業化した製品の競争優位性を築き、市場に定着させるまでの難所を指します。

これらの段階で資金が尽きてしまうと、スタートアップはその事業を継続していくことができなくなります。

つまり事業の立ち上げ当初に適切な資金調達ができるか否かが、後に世界が驚くような新商品・新サービスを世に広められるのか、眠らせるのか、を決してしまうといっても過言ではないのです。特に死の谷は、収益がまだない一方で資金を消耗しやすく、ここを乗り越えられるかがスタートアップの生死の分かれ目といわれています。

それでは、スタートアップの資金調達とはどのように行うものなのでしょうか。スタートアップが資金を調達する方法は主に、銀行融資、ベンチャーキャピタル（VC）からの出資、個人投資家からの出資の3種類があります。

1　銀行融資

銀行から融資を受ける方法で、銀行は事業計画や財務状況を評価して融資の可否を判断します。融資による調達をデットファイナンスと呼びますが、現在の日本は金利が著しく低いため積極的な活用が得策です。ただ、銀行融資は返済期間や担保の提供などの条件があり、信用力の低い企業が融資を得るのは難しい場合があります。

2　ＶＣからの出資

ＶＣは、株式の取得によりスタートアップに資金を提供する投資ファンドです。株式を活用した調達をエクイティファイナンスとも呼びます。ＶＣからの出資は額が大きくなる傾向にあり、ＶＣがスタートアップの経営のサポートを行うケースもあります。ＶＣは一定期間後に投資先企業の株式を売却することで利益を得ることを目的としています。このためリターンに関する要求がスタートアップの負担になる場合もあります。

3　個人投資家からの出資

ＶＣからの調達同様、企業の株式を取得することで資金を提供する形を取ります。個人投資家も将来的な株式の売却によるリターンを期待して出資します。個人投資家は、創業期の資金繰りに困る企業に手を差し伸べる様が天使に例えられることから、「エンジェル投資家」とも呼ばれます。

このほかの調達手段としては、国や自治体からの助成金・補助金などが存在します。返済不要で株式発行も必要としませんが、助成・補助の枠がそれほど大きくなく、得られたとしても事業を加速させるには不十分であることが多いでしょう。

これら3種類の資金調達方法のうち、私たちイークラウドの株式投資型クラウドファンディングに関係するのが、「個人投資家からの出資」です。私たちイークラウドは、スタートアップや起業家の挑戦を後押しするため、エンジェル投資を広く募るプラットフォームなのです。

そしてそれと同時に、個人投資家に成長期待の大きい魅力的なスタートアップを紹介することで、エンジェル投資の「民主化」を進めるといった社会的価値の提供を目指しています。

個人がスタートアップに出資するエンジェル投資

スタートアップにとって資金調達が重要であることは、ここまでの説明でお分かりいただけたかと思います。一方で、イークラウドが目指すエンジェル投資の「民主化」とは、いったいどういうことで、どういった意義を持つのでしょうか？

エンジェル投資の「民主化」についてご理解していただくために、次はエンジェル投資の動向についてご説明します。

「僕のやりたいことにウィルも賛同してくれた」

サッカー元日本代表で実業家としても知られる本田圭佑氏。本田氏は２０１９年にハリウッド俳優のウィル・スミス氏と米国のスタートアップに投資する「ドリーマーズ・ファンド」を立ち上げて注目を集めました。

ドリーマーズ・ファンドは、アメリカの起業家のイーロン・マスクが設立した脳とコンピューターを接続するデバイスを開発するニューラリンク、音声ＳＮＳアプリのクラブハウス、オンライン決済サービスのボルトなど計約１００社に投資を実行。すでに投資先の中から評価額10億ドル（約１４５０億円）以上のユニコーン企業や、同１００億ドル（約1・45兆円）以上のデカコーン企業が複数生まれています。

本田氏とスミス氏のタッグは驚きを持って受け止められましたが、２人はドリーマーズ・ファンドを立ち上げる前から、個人としても投資活動に積極的でした。

豊富な人脈と資産を持つスミス氏は、エンターテイメント、テクノロジー、健康などの領域で、革新的なアイデアを持つ企業に多数投資してきました。本田氏は２０１６年に個人ファンドの「ＫＳＫエンジェルファンド」を立ち上げ、電気自動車のテラモーターズや東証グロース市場に上場した英語学習サービスのプログリットなど、国内外のスタートアップに投資してきたのです。

日本で個人のスタートアップ投資についてこれほどまで大きくクローズアップされる機会はそう多くないのですが、海外では、セレブやアスリートなどの著名人が、エンジェル投資や慈善活動に取り組む動きが自然な流れとして受け入れられています。

俳優のレオナルド・ディカプリオ、歌手のレディー・ガガ、ジャスティン・ビーバー、元プロテニス選手のロジャー・フェデラー、ＮＢＡのレブロン・ジェームズなど、年代性別を問わず、さまざまな著名人がエンジェル投資家としての顔を持っています。

日本では、著名人では本田氏の他に、テニスの大坂なおみ選手、元サッカー選手の中田英寿氏がエンジェル投資家として知られています。もちろん著名人に限らず、創業者などビジネス界で成功を収めている個人や、サラリーマンでありながらエンジェル投資に取り組む投資家もいます。

こうした人たちがエンジェル投資をするのにはどういった理由があるのでしょうか。

著名人や資産家であれば、「ノブレス・オブリージュ」という「社会的地位や富がある人は他人に還元する義務がある」といった考えに近い方もいるでしょう。社会貢献はエンジェル投資のモチベーションのひとつになり得ます。

ところがそれだけではなく、経済的利益への期待や、イノベーションへの関心、人脈の構築などを理由に参加する人もいるでしょう。

まず経済的利益への期待。そもそもエンジェル投資では、投資をすることでスタートアップの株式を取得し、その後スタートアップがＩＰＯやＭ＆Ａといったイグジットを果たした際に、キャピタルゲイン（値上がり益）を期待することができます。

投資先が倒産に至った場合は全損する可能性もあるハイリスクな投資でもありますが、その後大きく成長するかもしれない企業に早い段階で投資することで、高いリターン（経済的利益）を得られる可能性があるのです。経済的利益への期待については後ほど詳しく説明します。

次にイノベーションへの関心。投資家の中には、新しい技術やビジネスモデルが社会に及ぼすインパクトに魅力を感じる人もいます。新しいアイデアやサービスが成長することで、「社会全体が進化する」「社会課題が解決する」と考え、スタートアップへの投資を通じてイノベーションを促進しようとします。

最後に人脈の広がり。投資家としてスタートアップに関わることで、人脈の広がりも期待できます。他の起業家やビジネスの専門家、投資家と出会い、協力関係を構築することで、自身の社会的・経済的な影響力を高めることもできるかもしれません。若い起業家を支援することに喜びを感じる人もいるでしょう。

こうしたエンジェル投資の面白さを、私は「推し活」に近い、とも表現しています。将来の成功を願いつつ、地下アイドルやインディーズバンドを最前列で見守る。自分の〝推し〟の起業家や会社が世の中で花開いていく過程を楽しむことこそが、ほかの投資と異なるエンジェル投資の面白さである、と考えています。

例えば、以前私が対談させていただいた個人投資家に、80社超の会社にエンジェル投資を行ってきた坂本達夫さんがいます。坂本さんは、エンジェル投資を通じて成長企業のリアルを最前線で見ることは「企業に勤めていると経験できないことですし、ＭＢＡを学ぶのと同じくらいの価値があると思います」と語っていました。

坂本さんは現在、外資系ＩＴ企業Ｍｏｌｏｃｏの日本事業責任者を務めると同時に小規模なエンジェル投資を行っています。詳細はこちらの対談記事に譲りますが、坂本さんの発言からは、著名人や資産家に限らず、いわゆるサラリーマンの方などさまざまな人がエンジェル投資をすることで、その体験から得られるものがあるということがうかがえます。

▼坂本達夫さんとの対談記事はこちらから
誰もがエンジェル投資家になれる、「新しい株式投資のかたち」とは

まだまだ身近じゃない、と感じる方もいらっしゃるでしょうか？　そんな方には「元気玉」を想像していただけたらと思います。漫画『ドラゴンボール』に登場する必殺技ですね。

先に挙げた銀行融資、ＶＣ出資といった、従来の資金調達手段とは違って、個人投資家が少しずつ元気（＝お金）を持ち寄り、スタートアップはその大きくなった元気玉を使って課題に立ち向かっていく、というわけです。特に株式投資型クラウドファンディングは、多くの方から元気をちょっとずつ集めて大きな力にする機能を持っています。ドラゴ

ンボールを見たことのある方は、少しでもイメージいただけたのではないでしょうか。

スタートアップの株式取得と経済的利益への期待

先ほどエンジェル投資をする理由のひとつとして、経済的利益への期待について挙げました。

そうはいってもスタートアップに投資することでどのくらいの利益が得られるのか、実際には想像しづらいかもしれません。イメージしやすいよう例を挙げて説明しましょう。

先ほど出てきたGAFAMの一角で、iPhoneやMacなど革新的な製品を次々に開発し、世界的な有名企業となったアップル。1976年にスティーブ・ジョブズが友人と設立した企業ですが、ジョブズが25歳の1980年には上場を果たしています。

自社株を保有する創業者は、上場時に株式の含み益によって巨額の資産を築いていきます。ジョブズもアップル上場時、２億５６００万ドル（当時のレートで約５８１億円）もの個人資産を手にしたとされています。

日本でいえば、急成長を遂げて２０１８年に上場したフリマアプリ運営のメルカリ。上場当日の終値ベースで時価総額７０００億円を超え、35人の役員・従業員が６億円以上の資産を得たことが、「スタートアップドリーム」と話題になりました。従業員らは将来的に自社株式を特定の価格で買うことができる権利「ストックオプション」が付与されていました。

従業員にストックオプションを付与する企業は少なくなく、将来的な報酬を与えることができると同時に、従業員が企業の業績貢献するよう促すことができます。メルカリでは35人の他にも６２９人に計約４００万株が分配されており、ストックオプションの付与条件や払込額などは考慮せずに単純計算すれば、1人平均約3200万円の資産が得られたことになります。

最近だとVチューバープロダクション「にじさんじ」運営のエニーカラーの株価が2022年の上場直後から高騰し、フジテレビなどを擁するフジ・メディア・ホールディングスの時価総額を上回ったことが注目されました。

エニーカラーも創業者はもちろん従業員にも株式を付与していました。有価証券報告書に記載されていた大株主約35人の株式は少なくとも当時1億円以上の価値を生み、その他従業員とみられる117人も1人平均約2000万円を得た計算となりました。さらにストックオプションも付与されており、こちらも単純計算となりますが1人1000万円から3億円程度の潜在的資産が見込めるとして注目されました。

スタートアップの株式を取得し利益を得る方法は、このように創業したり、従業員となったりする以外にもあります。

「ＩＰＯ投資」と呼ばれますが、上場前の公開価格で買った株式を、上場後の初値で売って利益を得るというものです。多くは公開価格よりも初値が高くなるために、ローリスク・ハイリターンの投資として人気があります。このためＩＰＯ投資の権利の多くは抽選で決定することが一般的となっていますが、抽選倍率は一般的に数％といわれており、文字どおり狭き門となっています。

エンジェル投資は、ＩＰＯ投資よりもはるかに前の段階で行う投資です。自分が投資した時点での評価額を上場時の時価総額が上回れば、前述の創業者やストックオプションを得ていた従業員のように、大きなリターンを得られる可能性があります。

当然ですが、自分自身が創業したりスタートアップに所属したりすると事業へのコミットが求められますし、大きなリスクも覚悟しなければなりません。エンジェル投資という形ならば、少しずつ複数のスタートアップにリスクを分散しながら投資することが可能です。

株式会社の起源と東インド会社

「エンジェル投資」という言葉は美しいし、夢もある。しかし一方で投資に対しては「ギャンブルみたい」「危なそう」「すべてを失うのでは」という不安を感じる人も少なくありません。

ここで改めて企業に投資するとはどういうことか、歴史を振り返りつつ理解してみましょう。

投資とは、もともと大勢の利益を守るために発明された仕組みです。投資と株式会社の

図表３　株式会社の起源

黒胡椒をとってくるから
船代を出して欲しい
無事にとってきたら
みんなで山分けしよう
リスクを負って船出する
我々の取り分は多めで

始まりについては諸説ありますが、現在では17世紀の「オランダ東インド会社」が発端と言われています。

コロンブスやマゼランといった冒険家たちが活躍した大航海時代。ヨーロッパの人たちはアジアの貴重な香辛料などを持ち帰ることで莫大な富を手にしました。しかし今と違ってＧＰＳなど便利な技術もありません。はるか遠くのアジアや新大陸を目指す船旅は過酷で危険が多いものでした。

嵐や疫病に見舞われ、多くの人の命が失われ、また船を失い、積み荷が失われれば、すべての財産を失い、破産する危険もありました。この時代、船主にとって航海はうまくいけば莫大な富が得られ、失敗すれば船も財産もすべて失うことになる、まさにリスクの大きなギャンブルだったのです。

こうした危険から船主を守るために発明されたのが株式会社の仕組みです。

危険が伴う航海に際し、大勢の出資者を募り、費用を負担してもらうことで一人ひとりのリスクをできるだけ小さくするとともに、航海の成功によって得られたリターンも出資額に応じて受け取ることができるという仕組みです。こうすることで船主はリターンを独り占めすることはできませんが1人で資金を用意するよりも大きな資金を手にできるため、航海の規模や回数も増やすことができます。

まさに現在の株式会社、株式投資と同じ考え方です。物理的には同じ船に乗らないけれども、自分のお金を出すことでリスクを負い、そのリターンも相応に得ることができると

図表４ ｜家計の金融資産構成（日米欧比較）

（データはいずれも2021年３月末現在）

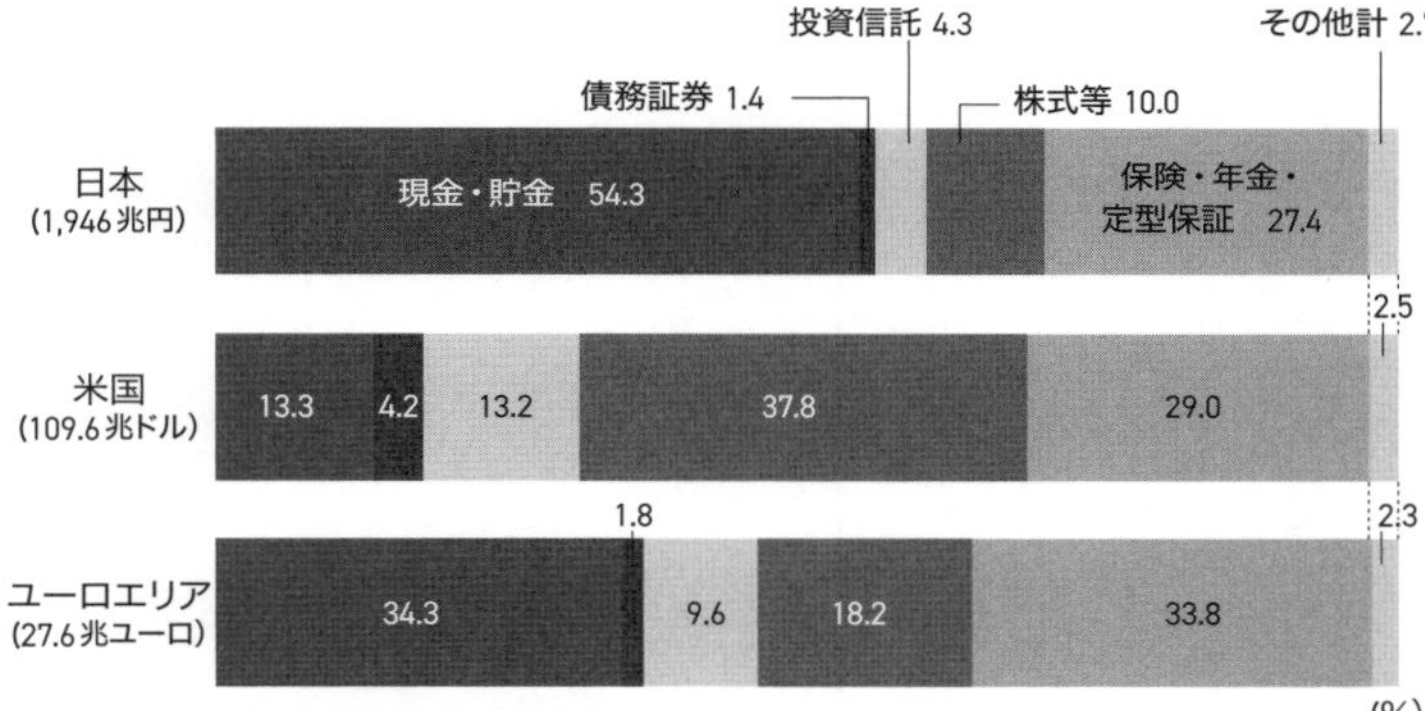

＊１金融資産合計に占める割合。
＊２「その他計」は、金融資産合計から「現金・預金」「債務証券」「投資信託」「株式等」「保険・年金・定型保証」を控除した残差。

（出所：日本銀行調査統計局「資金循環の日米欧比較」2021年８月20日発表）

いう点では、ここまで説明してきたエンジェル投資に近いものがあります。

若い会社の成長を支えていくためには投資の総量を増やしていく必要があります。日本のスタートアップ投資の規模はようやく１兆円が見えてきたところですが、米国は何十兆円というレベルにあります。

かねてより、日本は保有する個人の金融資産における現金・預金の割合の高さが指摘されています。２０２４年時点の日本の個人の金融資産は２０００兆円超となっていますが、そのうちの半分以上が「現金・預金」という構成になっており、「株式等」の保有割合は10％程度にとどまります。

一方で、米国では「現金・預金」の保有割合は13・3％、「株式等」の割合が37・8％と日本とほぼ真逆の構成になっていることがわかります（2021年時点）。

株式投資が盛んな米国では、個人投資家によるリスクマネーが創業期のスタートアップを支え、VCがレイターステージで大きな投資を行い、ユニコーンなどの巨大企業を創出する傾向があります。エンジェル投資家の存在がスタートアップの創出のハードルを下げ、VCがその後の大きな成長を支えるという形で投資の役割分担ができていると考えられます。

日本においてもエンジェル投資を増やすことで資金調達が多様化され、資金調達環境の改善とその先の経済成長というプロセスにおいて非常に重要な鍵だと指摘されています。

そうはいっても米国のようなエコシステムを作るのは難しいと思われるかもしれません。ところが、日本の個人の金融資産２０００兆円超のうち１％でもスタートアップに回すことができれば20兆円となり、米国のスタートアップ投資額にも大きく近づくことができます。日本の個人の金融資産には大きなポテンシャルがあるのです。

オランダ東インド会社のように航海に向けた出資者・エンジェル投資家を広く増やしていくことが、挑戦を生む風土につながるのではないでしょうか。

エンジェル投資の3つの壁

さてこのエンジェル投資ですが、これまでは一般の個人が参加するにはいくつかのハードルがありました。私たちはこれを「エンジェル投資の３つの壁」と呼んでいます。

1　資金の壁

エンジェル投資家の平均出資額は508万円程度（参考：独立行政法人経済産業研究所「日本の起業家と起業支援投資家およびその潜在性に関する実態調査」）とされています。最近はエンジェル投資家と起業家とのマッチングサイトもありますが、それでも数百万円からが一般的となっています。スタートアップ側としては数十万円程度の出資を個々に受け付けるのは手間が大きく、かといって個人投資家側としては一度に数百万円を出資するのはかなりハードルが高いといえるでしょう。

2　情報の壁

上場企業はIR資料など公開されている情報が多く、企業の成長余地を読み取ったりアナリストなど専門家の解説を読んだりと、自身が投資するかどうかの意思決定がしやすい状態にあります。ところが非上場企業であるスタートアップには財務諸表を公開する法的義務はなく、これら資料を一般公開することはほぼありません。公式サイトなどで事業内容が理解できても、経営状態や財務状況、成長戦略が深く理解できないことには、投資を判断することは難しいといえるでしょう。

3　コミュニティの壁

有望なスタートアップを見つけ、起業家とコミュニケーションをとり、出資するというエンジェル投資の一連の行動を起こすには、個人で起業家にアクセスできるだけのネットワークが必要です。ところがスタートアップの周辺ではしばしば「スタートアップ村」とまで形容されるほどのコミュニティができあがっており、普通に会社勤めをしている個人が、有望な起業家と知り合うような人脈を持ち合わせていることは稀です。本田圭佑氏ですら、米国のスタートアップの投資機会を探るにあたり、創業間もないアーリーステージのスタートアップはエンジェル投資家を中心にインナーサークルが作られていてアクセスが難しいと考えたことから、ウィル・スミス氏とのドリーマーズファンドを設立したといわれています。このようにエンジェル投資にあたってはコミュニティが重要な意味を持っていますが、新たにそうしたコミュニティに参画することは、一般の投資家にとってハードルが高いといえるでしょう。

これら3つの壁が、一般個人がエンジェル投資することへの参加のハードルとなっていました。しかし、これらを解決する新しい手段によって現在ではエンジェル投資に挑戦する一般の個人投資家が増えています。

その新しい手段こそが、株式投資型クラウドファンディングなのです。

エンジェル投資を「民主化」する株式投資型クラウドファンディング

株式投資型クラウドファンディングは、日本では2015年の金融商品取引法の改正により制度化された、インターネットを介してエンジェル投資を幅広く受け付ける仕組みです。詳細な仕組みは次の章で説明するとして、まずは株式投資型クラウドファンディングが、先述したエンジェル投資の3つの壁を次のような形で解決することを説明しておきましょう。

1　資金の壁を解決

株式投資型クラウドファンディングは、その名のとおり「クラウドファンディング」の仕組みを活用しています。インターネットを通じて多くの投資家から少額ずつ出資金を募ることで、投資家としては約10万円からスタートアップに投資できるようになりました。また起業家としては無数の株主と1対1のやり取りを行う必要はなく、多くの投資家から資金を調達することができるようになりました。

2　情報の壁を解決

スタートアップの投資判断に必要となる企業価値や事業計画、リスクなどの情報を、株式投資型クラウドファンディングのプラットフォームが募集ページで開示します。投資家は、プラットフォームの募集ページにアクセスすることで、その開示された情報を参考に投資先を選ぶことができるようになりました。

3　コミュニティの壁を解決

プラットフォームは金融庁から第一種少額電子募集取扱業者の登録を受けています。そのスタートアップのリスク事項や成長性をプラットフォームが厳正に審査し、クラウドファンディングの実施の可否が決まっていきます。これにより個人投資家も各プラットフォームの審査を受けたスタートアップにアクセスすることができるようになりました。

一般の個人にとって、株式投資型クラウドファンディングが、エンジェル投資のハードルを低減（＝民主化）する仕組みであることがおわかりいただけたと思います。より多くの方に、株式投資型クラウドファンディングを利用してエンジェル投資を体験していただきたいと願っています。

ところで先ほど、株式投資型クラウドファンディングのスタートは「日本では2015年」と説明しました。実は、海外にも同様の仕組みが存在します。

むしろどちらかといえば海外が先行しており、株式投資型クラウドファンディングによる資金調達を行ったスタートアップが後にＩＰＯやＭ＆Ａに至り、個人投資家が大きなリターンを得る事例が続いています。特に市場が活況な英国では、株式投資型クラウドファンディングが、ベンチャーキャピタル（ＶＣ）やエンジェル投資家と並んでメジャーな資金調達手段となっています。

こうした中、日本でも株式投資型クラウドファンディングの活用が進んでおり、近年の法改正などでも、スタートアップも個人投資家もより利用しやすい制度へと整いつつあります。将来大きく成長する可能性のあるスタートアップに投資するエンジェル投資、そしてエンジェル投資を広く利用しやすくした株式投資型クラウドファンディングに、今後も注目が集まることが期待されます。

第2章

株式投資型クラウドファンディングの魅力とリスク

エンジェル投資を民主化する「株式投資型クラウドファンディング」

非上場のスタートアップが資金調達を行える仕組み「株式投資型クラウドファンディング」。この章ではこの仕組みの魅力とともに、投資家の皆様に知っておいていただきたいリスクをご紹介していきます。

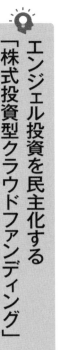

株式投資型クラウドファンディングは、インターネット上でプラットフォームが開示する情報をもとにスタートアップ企業に投資を行うことで、その企業の株式を取得する仕組みです。スタートアップにとっては、従来の資金調達方法である銀行融資や投資ファンドなどと比較して、より多くの投資家からの資金調達が可能となります。

イークラウドのようなプラットフォーム企業が取り扱うことで、投資家としてはイン

図表６　株式投資型クラウドファンディングの仕組み

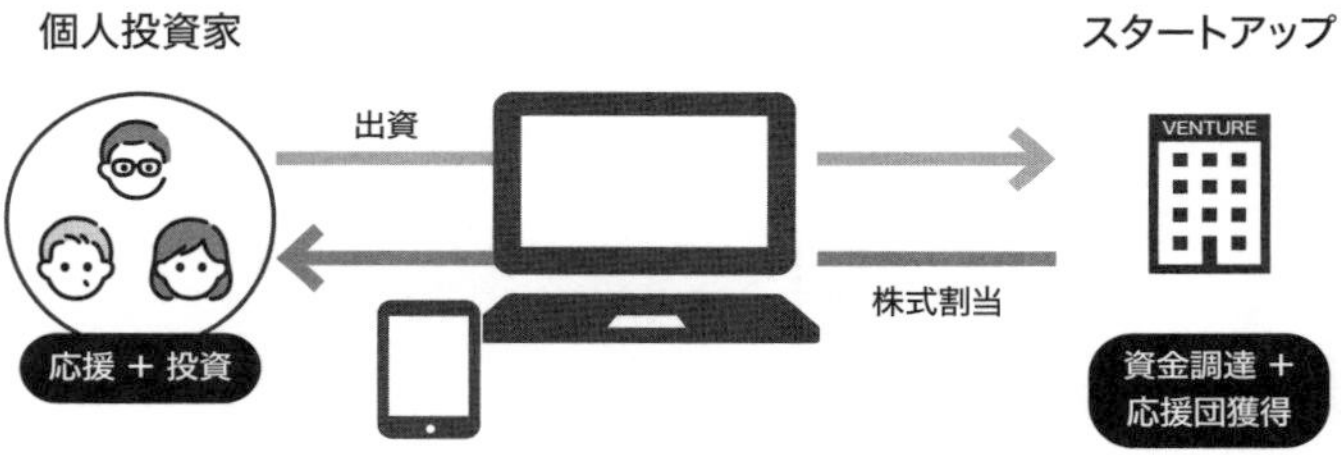

非上場のスタートアップが複数の個人投資家から
WEBサイト上で少額ずつ出資を募ることができる

ターネットを通じて少額からスタートアップに投資できるようになります。また起業家としては多数の株主と1対1のやり取りを行うことなく多くの投資家から資金を調達することができるようになりました。

ただし、いくらでも投資できる／資金調達できるというわけではありません。現在、国内では投資家のリスクを抑制するという観点から投資家は1社あたり1年間で50万円までの投資上限が（※）、スタートアップ側には同じく1社あたり1年間に1億円未満という調達上限があります。

※保有する金融資産など、特定の条件を満たす特定投資家を除く

2022年には日本国内でスタートアップに投資された資金は9000億円を超えていると予想されており、約3000社が資金調達を行っています（出所：イニシャル）。事業売却の経験がある2周目の経営者（通称シリアルアントレプレナー）なども増え、その実績や信用を活用する形で創業期から数十億円単位の調達を行い、新たな事業を行うスタートアップも増えました。

当初、株式投資型クラウドファンディングの利用社数は1年に20社程度でしたが、徐々に活用が進んでおり、制度開始以来の調達額は、2022年に累計100億円を突破。2022年単年では、取扱件数が164件、調達額は約25億円にのぼっています（出所：日本証券業協会「株式投資型クラウドファンディング統計情報」）。スタートアップへの投資金額ベースでは1％未満ですが、社数ベースでみると約7％（2022年）と、資金調達手段として存在感が高まってきています。

投資家にとってのメリット

スタートアップに関わる楽しみ

株式投資型クラウドファンディングの最も大きな意義。それは、「創業期の刺激と喜びをシェアし、近くで応援できる」という点です。例えば自ら起業したりスタートアップで働く場合、通常は極めて限られた数の企業にしか関われませんし、個社に依存するという大きなリスクを伴います。しかし「エンジェル投資」という形でなら、自分が共鳴した志を持つ起業家を応援し、さらにその当事者に近い存在として関わることができます。挑戦する人も、応援する人どちらも、理想の未来に向かって挑戦できる。これが、株式投資型クラウドファンディングならではの醍醐味だと思います。

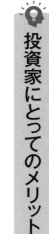

「こんな社会貢献の仕方があるんだ」──社会の変革に直接関われる

株式投資型クラウドファンディング投資家のアキオさん（仮名）は機械メーカーを定年退職後、とある大学発スタートアップの技術担当として勤務していました。70歳を目前に引退を考えていたところ、あるきっかけで株式投資型クラウドファンディングを知り、「こんな社会貢献の仕方があるんだ」と興味を持ったといいます。「勤める」以外の方法でスタートアップを応援したいと思い、エンジェル投資家としてデビューすることを決意。メーカー勤務のキャリアもあり、イークラウドでは技術系のスタートアップ3社に投資されたそうです。さまざまな企業の成長シミュレーションを想像することが楽しみで、「スタートアップが成長するダイナミズム（活力）が一番のリターン」と表現しています。

スタートアップを日本に生み出すことで、社会に大きな変化を起こしたい、自らの投資に意義を見出したいと考えて株式投資型クラウドファンディングに踏み切る投資家もいます。そういった意味で、スタートアップへの投資は選挙で政治家に一票を投じることに似ているのかもしれません。

「スポーツを最前列で応援する楽しみに近い」──近い場所で挑戦を応援できる充実感

株主として近い距離感で中長期的にファンとして楽しめる点も魅力です。音楽で例えると、地下アイドルを発掘して応援する楽しみや、インディーズのバンドの初期のファンとして、メジャーデビューできると見込んで応援している感覚に近いかもしれません。「みんながまだ目をつけていない分野に自分は目をつけたぞ。実は、あの会社の黎明期を支えたのは私なんだ」と言えるのも、株式投資型クラウドファンディングの面白さの一つです。

第1章でも紹介したエンジェル投資家の坂本達夫さんは、「エンジェル投資はスポーツの応援に近い感覚」と述べています。例えばスポーツの試合では、勝つか負けるかの単純

図表 7 │ 投資家の声

イークラウドはどんな存在？
User Voice

経営者の野心・でっかい夢を応援できる
S・Hさん（47）

子供を見守るような気持ちで成熟していく過程を一緒に見れる楽しさがある
R・Hさん（31）

10年・20年後に世の中を動かすかもしれないサービスを応援できる
O・Kさん（44）

投資した後も起業家の一翼を担ったという充実感を感じられる
T・Tさん（30）

既存の仕組みをぶっこわすスタートアップを応援できる
H・Sさん（36）

投資後にもずっとワクワクできる
Y・Mさん（40）

＊自社ユーザーインタビューより抜粋

自分はもう引退したがスタートアップに関れるのが楽しい
A・Kさん（69）

会社を応援する気持ちで株を買える仕組みだと思う
S・Yさん（42）

自分ができないことをやっている人を応援できる
S・Yさん（36）

社会貢献ができて株式がもらえる仕組み
F・Kさん（29）

単純な寄付よりも自己肯定感が高くて充実感を得られる
R・Hさん（31）

いままで世の中になかった価値を生む会社や社会的なインパクトがある会社に投資できる
S・Iさん（65）

スタートアップへの投資を通じて挑戦が多くの人にシェアされ、世の中や人の新しい原動力になる

化した確率では、50％の割合で負けることはわかっているのですが、そのチームと時間や空間を共有するために、わざわざお金を払って応援しにいくわけです。勝負の結果に関わらず、現場で最前列で応援することに醍醐味があるとのことです。

自分が見込んだ会社のストーリーに投資し、その挑戦を中長期的に応援し、社会を変える大きなインパクトの最初のきっかけになれること。これは、まさしくエンジェル投資の魅力であると思います。

右記は実際にイークラウドを通じて投資された投資家の声です。「投資したあともずっとワクワクできる」「子どもを見守るような気持ちで成長を楽しめる」といった声が聞かれます。詳しくは第4章の、実際の投資家のインタビューをご覧ください。

「ＭＢＡを学ぶのと同じくらいの価値がある」――ビジネスへの好奇心が満たされる

今まさに成長しているスタートアップの「経営のリアル」を間近で見られるのも醍醐味のひとつです。実際に株式投資型クラウドファンディングの投資家の中には中小企業やベンチャー企業のオーナー、個人事業主なども多く、定期的に送られてくる株主へのレポートを参考に（そして刺激に）されている方も多いようです。

新卒で就職した証券会社を40代でＦＩＲＥし、現在は不動産賃貸を生業にしている個人投資家のこうさんもそんな投資家の一人です。

※ＦＩＲＥ：「Financial Independence, Retire Early」を略した造語。資産運用で生活費をある程度確保できる仕組みを作り、早期に仕事をリタイアするライフスタイルのこと

「投資家は何社にも投資できるが、起業家の方々にとってはたった一つの自分の会社。覚

悟を持って全力で事業に打ち込んでいる株主レポートを受け取ると、私自身も事業主として刺激になるし、前向きな気持ちになります」。創業期の生の情報に触れられるのが株式投資型クラウドファンディングの醍醐味と語り、イークラウドでは９社もの企業に投資されています。

前述のエンジェル投資家・坂本氏は「エンジェル投資をすることで、今、まさに成長している企業の〝リアル〟を最前線で見られます。これは企業に勤めていると経験できないことで、ＭＢＡを学ぶのと同じくらいの価値がある。その観点でいえば、ビジネスパーソンこそエンジェル投資をやる価値があるのかもしれない」と語っています。

投資した企業のレポートを通じて、リアルな経営を参考にできるという点だけではありません。プラットフォームの募集ページでは業界で勢いのある最前線の技術や、プロ投資家にも注目されている事業領域のスタートアップが随時紹介されます。さまざまなスタートアップのビジネスモデルを知ることができるほか、「世の中にはこんな会社や技術があったとは！」と、純粋に勉強になるというお声をいただくことも。投資する・しないに関わらず、案件の解説資料だけでも流し読みしてみてはいかがでしょうか。

投資先企業とのコミュニケーション

毎月〜数ヶ月に1回：スタートアップの経営を間近で聞ける株主限定のレポート

上場企業に投資した場合は、財務諸表や業績予想、経営方針などを決算報告書を通じて、中長期的な戦略や将来の展望、競合環境などを投資家への説明会で知る機会がありますが、非上場企業の場合には実際に株主になってはじめて企業の情報を受け取ることができます。

図表８　｜株主限定のレポート

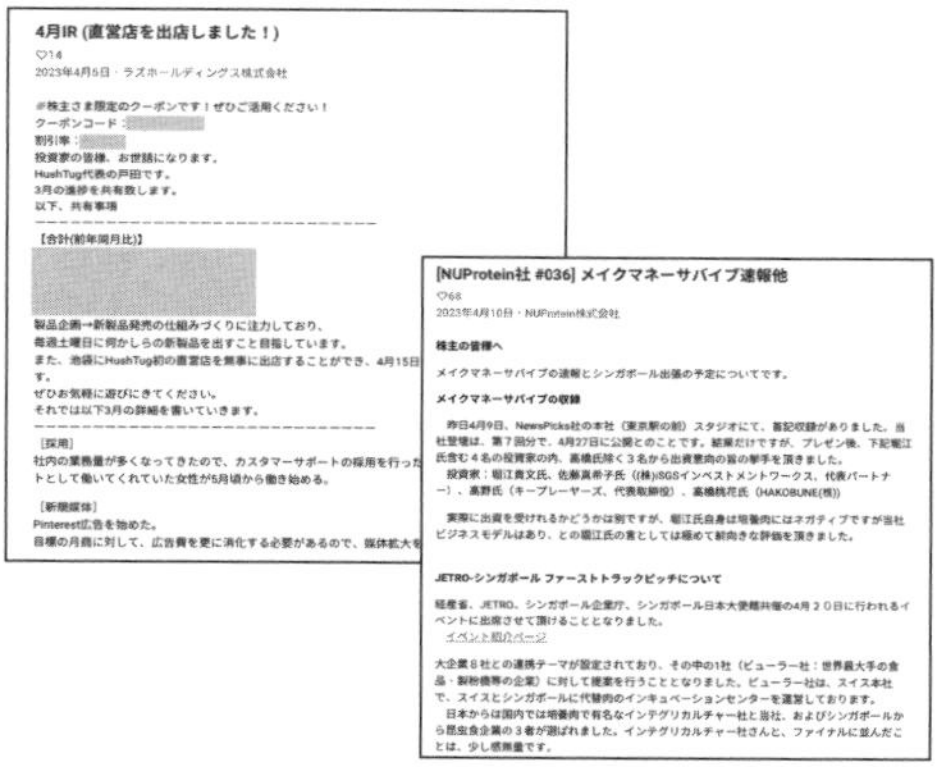

投資先企業からは定期的に活動報告が送られてくる

株式投資型クラウドファンディングの場合は、日々の活動報告として経営者が直接記載した文章を定期的に閲覧することができます。また、株主限定のイベントが開催されたり、株主限定のＳＮＳコミュニティに参加できたりする場合もあります。

上場企業のＩＲは専門的で難しい言葉で語られることもありますが、株式投資型クラウドファンディングのＩＲでは経営者が日々の困難に直面しながら、株主の方々に情報を共有するという性質のもので、「手紙」のような形式に近いと思います。より親しい視点で、生の声で綴られることが多く、ときには

図表9　｜イークラウドで過去に調達した企業の優待の一例

東京・三鷹発 ブルワリー	クラフトビールセットのプレゼントや店頭試飲、仕込み体験などができる株主優待を実施
ブランド培養肉の製造に取り組む 培養肉スタートアップ	副社長が料理長を務めるミシュラン1つ星の日本料理店で、培養肉コース特別席を用意
革製品を製造するレザーブランド	新商品の開発会議や工房のツアーへ招待
環境負荷が低くヘルシーな冷凍プラントベースフード	おすすめ商品セットをプレゼント
都市型八百屋を展開する スタートアップ	店舗やオンラインストアでの買い物に使えるクーポンや、野菜、果物などのギフトセットをプレゼント

株主に協力を呼びかけることもあります（もちろん、起業家への協力は任意ではありますが、株主の手助けはスタートアップにとって大きな支援となる場合があります）。

株主優待

さらに企業によっては、上場企業のように「株主優待」を実施しており、投資した株数に応じて商品・サービス・割引などを受け取れる場合があります。優待の有無は案件情報として開示されるので、投資前に確認するのが良いでしょう。

イークラウドでは「毎年クラフトビールが届く」優待や「培養肉を使ったコース料理を優先的に案内する権利」など、ユニークな優待を設定する企業もありました。

スタートアップにとって株主優待を設定するメリットは、上場企業と同様に投資へのインセンティブという側面ももちろんありますが、商品やサービスを利用してさらにファンになってもらうこと、また周りの方に勧めるアンバサダーに転換するようなマーケティング効果を意図している企業もあるのです。

起業家と株主のコラボレーション事例も

株式投資型クラウドファンディングを行った企業は、数十〜数百人単位で株主が増えることになります。多くの投資家の方々は企業の未来の成長と価値を見出した「応援団」ともいえるわけで、こうした株主に対して何かしら協業をしながら事業も進めたいと考えるスタートアップも多いです。

図表10 ｜ イークラウドで調達を行ったスタートアップと株主のコラボ例

地元カンパニー	FLATBOYS	Grino	C-INK
地域産品×ストーリーのカタログギフトを提供	パーソナライズ入浴剤をサブスクリプションで提供	環境負荷の低い冷凍プラントベースフードを宅配	電子回路の印刷に使われる「導電性ナノインク」の開発
全国の株主を巻き込んで成長できると思いイークラウドを選択	株主とともにブランドを育てる事例になりたい！	「スポーツチームのサポーターのような株主」というコンセプトが、市場開拓の上で魅力的	「こんな面白い会社があるんだ」と一般の方に知っていただけた
児玉代表	内田代表	細井代表	金原代表
株主とのコラボ事例	株主とのコラボ事例	株主とのコラボ事例	株主とのコラボ事例
全国の生産者（取引先）の紹介	タレントを活用したプロモーション協力の発生	新メニューの共同開発に向けた商談が発生	国内外の取引先の紹介に発展

投資家にとっては、投資先の事業に協力することで自ら企業価値向上に貢献できるというメリットがあります。また、まだ黎明期の企業にとっては協力を得ることのインパクトはとても大きくなり得ます。

イークラウドでは、過去に調達を行った企業と株主の間で取引先の紹介やプロモーション協力、協業先の紹介などといったコラボレーション事例が発生しています。株主側にも能動的なアクションが必要になる分、多少の負荷はありますが、上場企業への投資では得がたい「濃い」体験ではないかと思います。

ハイリスクではあるが大きなリターンが期待できる

エンジェル投資の魅力は、成功すれば大きなリターンを期待できる可能性があることです。

２０１８年に大型上場を果たしたフリマアプリ運営のメルカリは、２０１３年の創業から5年間で上場までに累計１７０億円以上を調達し、国内では異例の速さでユニコーン企業となったスタートアップです。ＩＰＯの終値ベースでの時価総額は７０００億円に到達、仮に創業時に１００万円を投資していた場合、株式上場時に初値ベースで約１００億円の評価額になったことになります。

世の中には銀行預金のような確定利回り商品をはじめ、不動産投資、投資信託など、さまざまな資産運用の手段があります。しかし、どの投資も年率数%が基本で、このような「ホームラン級」の運用益がもたらされるケースはまずないと言ってよいでしょう。イークラウドの投資家に「宝くじの1等が当たる確率は1000万分の1程度とされていますが、エンジェル投資は（それよりは成功確率が高いという意味で）打率の高い宝くじのようなイメージで考えています」と話していた方がいました。エンジェル投資はまさに、リターンの規模としては宝くじと似たようなところがあります。

それでは、エンジェル投資におけるリターンの源泉は何でしょうか。

そもそも資産を運用して得られるリターンは、キャピタル・ゲインとインカム・ゲインの2種類に大別されます。キャピタル・ゲインは資産の売却によって得られる利益のこと、インカム・ゲインは資産を保有していることで得られる利益のことです。例えば株式の場合ですと、株を購入したときと売却したときの差益がキャピタル・ゲインに、配当が

図表 11　エンジェル投資の４つのシナリオ

IPO	M&A	存続	倒産・清算
上場後に株式を売却し資金を回収*	M&A時に株式を売却し資金を回収*	変化なし塩漬けリスクあり	投資金額を上限に元本喪失リスク

※投資資金を必ず回収できるとは限りません

インカム・ゲインに相当します。

一方、短期間で急成長を目指すスタートアップが株主に対して配当として還元することはめったにありません。変化の激しい市場環境においてシェアを獲得し、事業を成長させることを優先するためです。そのため、スタートアップ投資で期待されるリターンは、投資したときの株価と売却時の価格の差額（キャピタル・ゲイン）を狙う場合がほとんどです。

具体的に、スタートアップに投資してリターンが発生するのはどのような場合か、詳しく見ていきましょう。
大きく4つのシナリオが考えられます。

投資家が資金を回収することを「イグジット（エグジット、EXIT）」といいます。イグジットには「IPO」と「M&A」の2種類が存在し、それぞれ期待されるリターンと投資回収までの時間軸が異なります。

投資成功：投資先企業がIPO（株式公開）する

「IPO」とは、「Initial Public Offering（新規株式公開）」の英語の略称です。これは証券取引所に上場することで、誰でも株取引ができるようになることを指します。IPOによって、企業はより広い投資家層から資金調達を行うことができるようになり、上場前から投資をしていた株主にとっては株式を売却することで大きな利益を得られる可能性があります。

２０２２年に上場した企業の時価総額の中央値は約58億円で、１００億円以上の時価総額がついた企業は30社ありました。例えば創業初期に1億円の時価総額で投資したスタートアップが１００億円の時価総額で上場した場合、投資家は１００倍のリターンを得られる計算になります（スタートアップの時価総額に関しては第4章で解説します）。つまり、例えば10万円を投資していれば１０００万円になるわけです。

エンジェル投資家にとって「ホームラン」ともいえるＩＰＯ。しかしながら、ＩＰＯを目指す道は決して容易ではありません。すべての企業が上場を目指しているわけではありませんが、創業から上場までの期間の中央値は約7年と言われているうえに、株式会社のうち上場している企業の割合がわずか約０・２％にも満たないことからもわかるように、非常に狭き門といえます。ＩＰＯを目標にしているスタートアップに投資する場合、投資回収には時間がかかることを考慮して臨んだほうが良いでしょう。

図表12 | 日本ではIPOによるイグジット割合が、アメリカではM&Aによる割合が高い

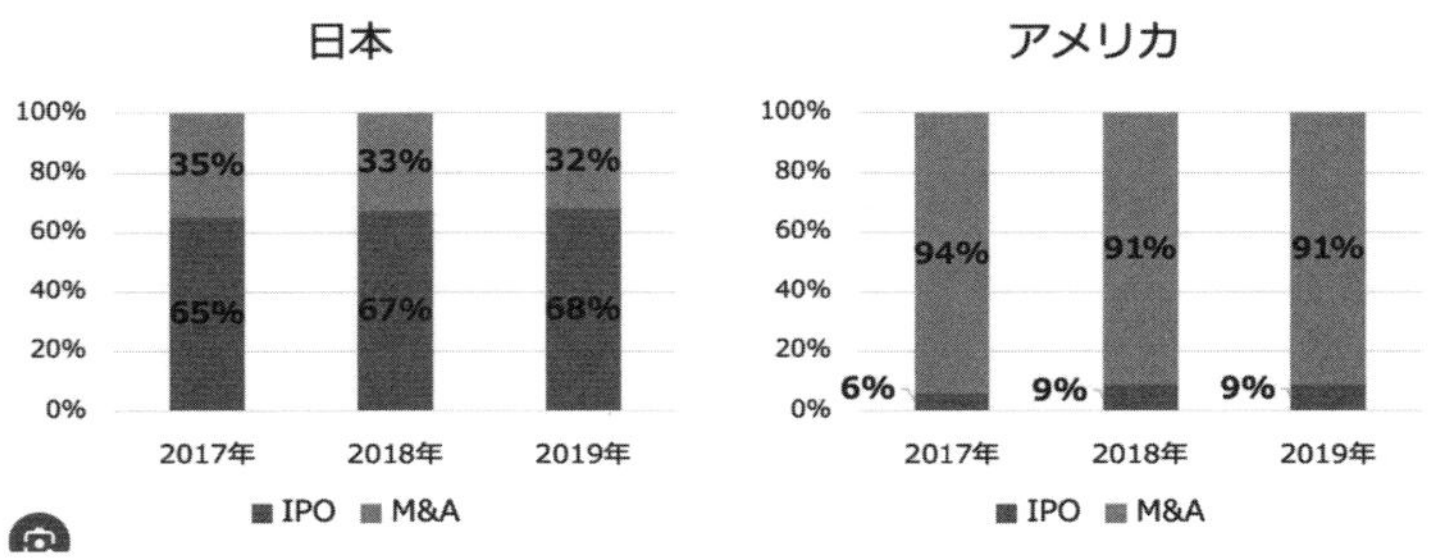

※経済産業省 大企業×スタートアップのM&Aに関する調査報告書内の画像をもとに作成

投資成功：投資先企業がM&Aされる

「M&A」とは「Mergers（合併）and Acquisitions（買収）」の略称で、事業会社等の第三者に株式を売却し、その売却によってリターンを得ることです。スタートアップ投資の場合、リターンは投資額の数倍〜数十倍程度になることが多いとされます。

日本企業のイグジットの内訳をみると、IPOとM&Aの比率は7：3程度の割合でIPOが多いといわれています。イノベー

ションの中心地であるアメリカではＩＰＯよりもＭ＆Ａなどが一般的であり、日本とは逆で９：１程度の割合でＭ＆Ａのほうがリターンを得る可能性が高いとされています。投資家にとってはＭ＆Ａによるリターンは
ＩＰＯほど大型ではないものの、投資先企業にとっては上場のような準備の必要がなく、比較的期間が短くても実現可能で、買い手側とのシナジー次第では自社単独よりも成長が期待できるというメリットがあります。

近年はスタートアップの出口戦略としてのＭ＆Ａを促進するため、税制の優遇措置が導入されるなど、Ｍ＆Ａを目標とするスタートアップとシナジーを生みたい大企業双方にとって、追い風が吹いている状況といえるでしょう。

以上が、スタートアップにおける投資成功のシナリオです。

数回イグジットを経験されているとあるエンジェル投資家の方は、自身の投資戦略について「年間に10社程度に投資し、10件中１件がＭ＆Ａイグジットを達成すれば、その利

益でさらに10件のエンジェル投資を実行する。それを繰り返す間に、ホームランとなるＩＰＯを達成する会社をじっと待つ」と話していました。

スタートアップがイグジットしない場合は、次のような結果をたどることになります。

投資先企業がイグジットせず、存続し続ける

投資先がイグジットも倒産もしない場合、投資家にとって株式を売る機会はほぼありません。当初描いていた事業計画の目論見が外れて事業転換を行うことをスタートアップ業界では「ピボット」といい、スタートアップでは比較的頻繁に起こります。ピボットを繰り返している間は投資家にとって損失が確定するわけではありませんが、文字どおり「塩漬けのまま売れない」状態になります。

投資先企業が倒産・清算する（投資失敗）

投資先企業が倒産・清算すると、投資した金額についてはほぼ無価値になりますので、投資元本を上限に損失が発生することになります。

あらゆる投資商品に共通する原則ですが、期待リターンが大きいほどリスクも大きくなるもので、投資先が倒産するリスクも覚悟のうえで投資を行う必要があります。

英国の株式投資型クラウドファンディング大手プラットフォームの「クラウドキューブ」では、資金調達を行った企業の5年後の生存率は約7割であり、残りの約3割は倒産・清算となっています。スタートアップ投資がハイリスクの世界であることはご理解のうえ、投資に臨んでいただきたいと思います。

投資家にとってのリスク

投資家の皆様にご理解いただく必要があるのは、スタートアップへの投資は上場株や投資信託と比べ、はるかに高いリスクがあるということ、流動性が著しく乏しい（売りたいときに売れるとは限らない）ということです。

1　ハイリスク・ハイリターンであること
2　流動性に乏しいこと

ハイリスク・ハイリターン

株式投資型クラウドファンディングをはじめとしたエンジェル投資は、単純にリスク・

リターンの観点で見ると「ハイリスク・ハイリターン」な投資であることをご理解ください。

スタートアップは、財務基盤が非常に不安定です。投資した企業が将来的にＩＰＯやＭ＆Ａができれば大きなリターンが得られる可能性もありますが、投資資金がゼロになるリスクもあります。

また、上場企業では財務状況や業績が公開されており、市場における評価や信用を維持するための規律が求められるため、一定の信用があります。一方で非上場企業は一般に出回る情報量が少ないからこそ、プラットフォームで情報収集したうえでの投資判断が重要です。大切な資産を投資してくださる投資家の皆様が納得して投資できるよう、イークラウドではビジネスモデルや成長戦略、そして投資に関するリスクについて、しっかりとご理解いただく機会を設けています。よく目を通したうえで、投資判断を行っていただきたいと思います。

流動性に乏しい

株式投資型クラウドファンディングで取り扱う非上場企業の株式は、原則として流動性が極めて低いです。「流動性」とは、簡単にいえば現金化できるかという意味です。

上場している企業の株式は、投資家が株式市場に参加しているため流動性が高く「株価が上がってきた（下がってきた）ので早めに売り抜けたい」「まとまった資金が必要になった」といった場合、換金は容易です。

一方、非上場株式は、購入後は株式の流動性がほとんどありません。損切りもできず数年、長い場合は10年単位のスパンでの付き合いが前提です。そこまで長く付き合っていける自信がない場合は、その企業にはエンジェル投資をしないほうが良いともいえます。

株式投資型クラウドファンディングは、初心者にはオススメしない？

以上のように、株式投資型クラウドファンディングで取得する非上場株式は魅力的な投資商品であるものの、あくまでもハイリスク、かつ一度投資してしまうと換金が難しい投資商品であることをご理解のうえで、エンジェル投資に臨んでいただきたいと思います。

株式投資型クラウドファンディングは「これまで投資を行ったことがない」という方にはおすすめしておらず、ある程度の金融資産・投資経験をお持ちの方のためのサービスとして位置づけています。また、イークラウドでは自主的なルールとして、20歳以上75歳未満で、株式投資やＦＸなど比較的リスクの大きな金融商品への投資経験があり、金融資産が３００万円以上の方にのみ、投資家登録を受け付けています。

スタートアップから見た株式投資型クラウドファンディング

さて、ここまで個人投資家の視点での株式投資型クラウドファンディングの魅力とリスクをご説明してきました。一方で、投資家の皆様から「スタートアップ側は何を期待して株式投資型クラウドファンディングを行うのか」と質問されることがあります。

この節では少し視点を変えて、スタートアップから見た株式投資型クラウドファンディングについて解説します。

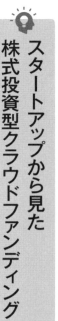

株式投資型クラウドファンディングで、資金調達の選択肢が増える

株式投資型クラウドファンディングの一つのメリットに、資金調達の選択肢が増えるという点があります。起業家の資金調達手段には2種類あります。一つは返済義務のある借入金、もうひとつは返済義務がない株式を発行して得る資金です。

スタートアップが銀行融資だけでJカーブを乗り切るのは難しい

日本では「資金調達といえば銀行融資」というイメージが根付いていますが、この20年で日本のスタートアップを取り巻く資金調達環境は大きく変わり、その方法も多様化しています。

そもそも一般的に、売上が立たず実績もない創業直後のスタートアップが、民間の銀行

から融資を受けるのは非常に困難です。銀行の融資資金の出どころは銀行にお金を預けている一般の預金者であり、基本的にビジネスの軌道に乗る前のスタートアップに融資することによる貸し倒れリスクの上昇は許容されにくいものです。例えば2％の金利で融資する場合、単純計算で50社に1社でも回収不能に陥ると採算が取れません。こういった背景から、リスクが高い創業直後のスタートアップにはまず貸してくれないというのが実情です（あるいは、担保によってリスクを減らそうとします）。

スタートアップ側にとっても銀行融資の資金は借入金となりますので、期日までに利子をつけて返さなければなりません。創業直後のビジネスは些細なトラブルでも簡単に事業が立ち行かなくなることが多く、運転資金を確保しながら大胆な成長戦略を描くことは難しいものです。

そのため、公的な融資制度や補助金を活用したり、自己資金や身内（親兄弟や親戚、友人）から借りて当座の資金を作ることが一般的ですが、先行投資がかさむスタートアップ

図表13 ｜ スタートアップ企業の資金調達経路

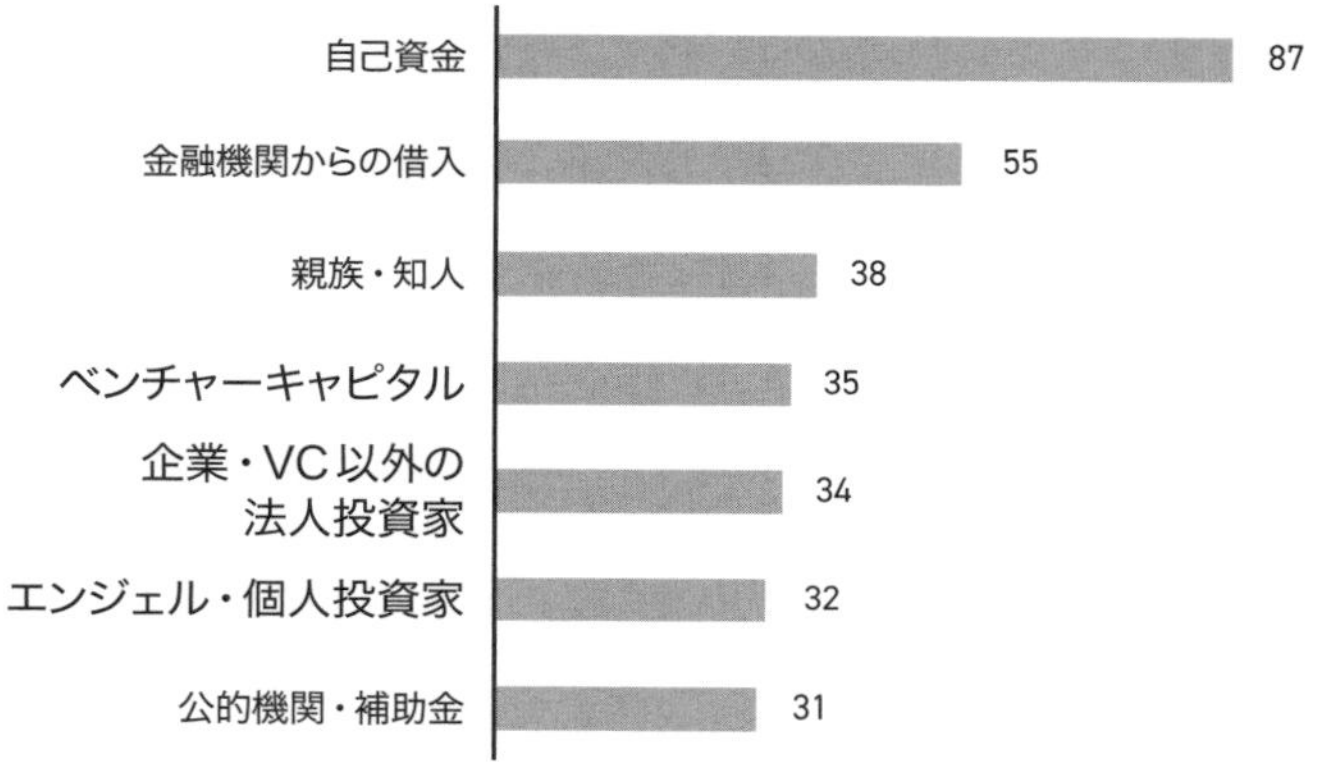

出所：ベンチャー白書（2016）

自己資金だけでなく、多様な資金源が用いられるようになってきた

にとっては十分とはいえません。運転資金が足りなくなったり、自己資金を工面している間に競合にシェアを奪われたりする可能性もあります。

株式による調達の選択肢を増やし、ステージに応じて適切に組み合わせる

そこで、短期間で爆発的な成長を遂げようとするスタートアップが取る手段として一般的になりつつあるのが、株式による資金調達です。借入のように返済する必要はなく、担保も必要ないことから、近年は自己資金や融

資のみならず多様な投資家から株式による調達を行うスタートアップが増えています。

前ページに近年のスタートアップの資金調達経路を示しました。実際にVCや事業会社、個人投資家からの出資といった株式による資金調達が、既に借入れに迫る存在感を示していることがわかります。

一口に「株式による調達」といっても、それぞれの資金調達手段には異なる特性があります。例えばVCによる支援を受ける場合、無担保で億単位での資金調達が可能で、ノウハウやネットワークを活かした経営支援を受けられる場合があります。しかし、一般にVCは、ファンド出資者へのリターンを目的としているため、ファンドの返済期限が迫ると、投資先企業のイグジット（IPOやM&A）を通じて資本を回収する必要が生じます。

多くのVCファンドは、ファンドの償還期間を7～10年と設定しており、投資を受けるスタートアップにはＩＰＯなどの圧力がかかりやすく、投資契約に「上場努力義務」が記載されることもあります。上場後は継続的な利益創出が求められ、赤字覚悟の投資は難しくなります。

重要なのは、スタートアップがその成長段階に応じて、戦略的に資金調達手段を組み合わせていくことです。株式による資金調達の選択肢が増えることは、起業家にとって望ましいことといえるでしょう。

株式投資型クラウドファンディングに向いている企業とは

スタートアップの中でも特に「株式投資型クラウドファンディングと相性が良い企業」とはどのような企業かについて探ってみます。私たちが株式投資型クラウドファンディングの活用を積極的に提案しているスタートアップには、主に３つのタイプがあります。

株式投資型クラウドファンディングと相性が良い3種類のスタートアップ

1つ目は個人投資家が直接応援して楽しめる、消費者向けの領域です。投資家が製品やサービスを実際に手にして利用することができ、愛着を持ちやすい領域です。投資家にその商品を好きになって、ファンになってもらえれば、SNSでの拡散や企業のアンバサダーのような位置づけで他のユーザーを巻き込んでもらうことも期待できます。

もちろん投資家としても、商品のヒットは企業価値の向上やイグジットに近づくことにもつながりますので、楽しみながら商品を利用し、応援することができます。

2つ目が業界関係者を巻き込んでの応援が相乗効果を生む、BtoBの領域です。

イークラウドでは、例えば「はなまる手帳」というライフエンディングの会社を取り扱ったことがあります。ライフエンディングに関わる税理士や弁護士など事業の関係者を株主として集めることで、資金調達と同時に関係者人口を拡大することを狙って株式投資型クラウドファンディングを実施しました。

また、任天堂出身のエンジニア社長率いる「Ｇａｍｅ Ｓｅｒｖｅｒ Ｓｅｒｖｉｃｅｓ」は、イークラウドで約６４００万円の調達を行いました。ゲーム開発者向けのＳａａＳ（クラウド上のソフトウェアをインターネット経由で利用できるサービス）を開発している企業です。ゲーム関連会社の役職員（エンジニアなど）を株主として巻き込むことができました。

３つ目が研究開発型のベンチャーです。ディープテックと呼ばれる夢のある技術領域で、先行投資が必要な、まだ世の中で認知されていない技術の研究を行うスタートアップです。イークラウドでも、がんの治療薬を開発している大学発スタートアップや、培養肉を作っているスタートアップなどをこれまでにご紹介しています。社会的意義はありつつ

図表 14 ｜ 株式投資型クラウドファンディングと相性の良い 3 種類のスタートアップ

1　株主に直接サービスを応援してもらう

約1,800万円調達

HushTug

#toC　#ファッション　#海外

「モンゴルに高付加価値な産業を作り雇用を生み出す」ことを見据えたモンゴルレザーブランド。一緒にブランドを育てるアンバサダーを求め、クラウドファンディングを実施。

2　業界関係者を巻き込んで応援してもらう

約6,400万円調達

Game Server Services

#BaaS　#ゲーム

DeNAやワンダープラネットなどのゲーム会社に加えて、ゲーム業界で働く人や、エンジニアなどから資金調達を実施。任天堂、セガ出身のエンジニア社長。

3　夢のある領域で中長期にわたり応援してもらう

約1億円調達

NUProtein

#研究開発型　#培養肉　#大学発

培養タンパク質の製造コストを削減する独自技術で、培養肉・再生医療の産業化を加速する名古屋大発ベンチャー。

も、結果が出るまで時間がかかることから、プロ投資家にとっては投資しにくい分野ですが、個人が代わりに支えるという領域になってきています。

地方のスタートアップが全国から幅広く資金と応援を集める

　2020年の国内スタートアップの資金調達額のう

ち、実に約84％が東京に集中しているといわれています（出典：イニシャル）。経済産業省は、地方スタートアップにとって人材供給とリスクマネーへのアクセスのしにくさが成長のボトルネックになっていることを繰り返し指摘しています。

ベンチャーキャピタルやエンジェル投資家の支援を受けづらい地方発のスタートアップにとっても、株式投資型クラウドファンディングは意義の大きい選択肢です。

２０２０年、イークラウドの1号案件として長野県上田市を拠点とする地域産品ギフトのプラットフォーム「地元カンパニー」が約５０００万円を調達しました。同社の代表は東京大学を卒業してＩＴ大手に勤務したあと脱サラし、地元の上田市を拠点に起業したユニークな経歴の持ち主です。銀行や日本政策金融公庫から複数回融資を受けながら会社を成長させ、9期目に株式投資型クラウドファンディングによる資金調達を実施しました。同社は調達した翌年度には売上高が3倍となる大きな成長を見せ、３年後の２０２３年にはベンチャーキャピタルから追加の資金調達を行っています。

沖縄県のバイオベンチャー「由風《ゆかぜ》ＢＩＯメディカル」も、株式投資型クラウドファンディングを戦略的に活用した地方発スタートアップの一つです。同社は沖縄県のうるま市で健康診断や病気の特定、治療方針の決定、治療効果の確認などを行う「体外診断薬」の迅速化・低コスト化に取り組む企業です。資金調達とともに、県外にも広く事業について知ってほしいという意図で株式投資型クラウドファンディングを利用し、２０２２年にイークラウドで約３８００万円を調達しました。クラウドファンディングを通じて新たな投資家や事業会社、医療機関との接点が生まれたほか、求人に関する問い合わせも生まれたのが、思わぬ嬉しい副次効果だったといいます。

ベンチャーキャピタルや有力なエンジェル投資家が東京に一極集中していることもあり、地方スタートアップはいわば、成長のハンディキャップを抱えているような状況です。地理的な障壁を超え、地元はもちろん全国からリスクマネーを集められる株式投資型クラウドファンディングは、こうした地方スタートアップにとって新たな支援の担い手となりうる存在ではないでしょうか。

株主が増えると上場できない？

さて、スタートアップ側の視点から株式投資型クラウドファンディングのメリットについてお話ししてきました。一方で、株式投資型クラウドファンディングを利用するうえでスタートアップが留意しておくべきことがあります。

株式投資型クラウドファンディングは、まだ資金調達方法としての歴史が浅い手法です。これまでに株式投資型クラウドファンディングを活用した企業のＩＰＯプロセスに関わったことがある関係者が業界にほとんどいないため、イグジットや次のラウンドでの調達に関して懸念を示されることがあります。

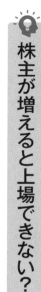

図表15 │ 株式投資型クラウドファンディングに対するよくある懸念点

①株主の属性	好ましくない属性の株主が紛れ込み、上場やイグジットに影響が及ぶのではないか?
②契約書の締結	数百人の個人と個別に投資契約書や株主間契約書を締結するのは実務上可能なのか?
③株主総会の開催	総会開催の案内や、議決権行使書等の運営の負担が大きいのではないか?

この懸念は、突き詰めれば「不特定多数の投資家が株主となること」に起因しています。私たちイークラウドは、起業家や業界関係者から示される懸念点を次のように整理し、解決策を考案してきました。

株主の属性について:好ましくない株主が紛れ込むのではないか?

企業が上場するうえでは、事業の成長可能性やガバナンスの体制だけでなく、反社会的勢力(暴力団や、暴力団と関わりのある企業や個人)との関係の有無が非常に重要な事項として審査されます。経営者や取引先はもちろん、株主に反社会的勢力が関わっている企業は、株式市場から徹底的に排除されます。

それゆえ、株式投資型クラウドファンディングの実施によって不特定多数の株主が増えることで、株主属性に関連するリスクが発生するのではないか、上場に差し支えるのではないかなど、関係者が懸念することがあります。

この課題に対し、株式投資型クラウドファンディングのプラットフォーム各社では各々が株主のスクリーニングを行っています。イークラウドでは創業時から大和証券グループと資本業務提携を通じて、投資家属性を厳正にスクリーニングすることでこの問題の解決を目指してきました。

契約書の締結について：数百人の株主と個別に契約を締結することは実務上可能なのか？

会社に対する複数の株主同士が会社運営や株式売却時の対応方法などについて「株主間契約」で取り決めを行います。特にスタートアップでは、株主を増やしながら経営が行われているため、株主間契約を締結することで会社の運営ルールを決めています。

イークラウドでは、プラットフォームを通じて株主になっていただく過程で電子契約を締結し、株主間の合意を担保する仕組みを通じてこの課題の解決を目指しています。

例えば株式投資型クラウドファンディングを活用した企業に対して、M＆Aの打診があった場合に、イグジットの機会を確保するための権利関係や手続きなども想定した契約を基本にしています。すべての場合で納得ができる価格でイグジットできるとは限りませんが、一度売却機会を失うと、その後何年もイグジットする機会を逸してしまうこともあります。貴重なイグジットの機会に、他の株主と一緒に売却することになる契約となっています。

この株主間契約スキームを開発・導入したプラットフォームは、イークラウドが業界初となっています（自社調べ）。

実際にイークラウドでは、クラウドファンディングを行ったスタートアップが上場企業に買収（M&A）され、1年足らずで投資家にリターンが発生したケースがあります。このイグジットにおいては、あらかじめ株主間契約によって株主間の合意が担保されていることで、スムーズに手続きを行うことができました。

株主総会の開催について：運営の負担が大きいのではないか？

株主が多い会社では、株主総会の負担も大きくなりがちです。株主総会の開催コストが大きくなると、結果的に株式価値にも影響する要素になるため、イークラウドでは投資家に対して、電子的な手段で株主総会の招集や議決権を行使できる仕組みを提供しています。投資家の皆様に投資していただいた貴重な資金は、会社の成長のために少しでも役立ててほしいと考えています。

図表 16 ｜ イークラウドは VC と連携してスタートアップを支援

50社以上のベンチャーキャピタルと提携

提携VCから調達済みの場合優遇プランを提供

・basepartners
・BlackCrow Capital
・BREW
・DG ベンチャーズ
・DRG Fund
・East Ventures
・F Ventures
・Full Commit Partners
・Genesia Ventures
・iSGS インベストメントワークス
・MAKOTO キャピタル
・mint
・MTG Ventures
・NEXTBLUE
・PKSHA Capital
・POLAR SHORTCUT
・Primal Capital
・Setouchi Startups
・W ventures
・XTech Ventures
・Yazawa Ventures
・朝日メディアラボベンチャーズ
・インキュベイトファンド
・オー・エル・エム・ベンチャーズ
・コロプラネクスト
・サイバーエージェント・キャピタル
・サムライインキュベート
・セゾン・ベンチャーズ
・ゼロイチキャピタル
・大和企業投資
・デライト・ベンチャーズ
・ドーガン・ベータ
・新潟ベンチャーキャピタル
・みらい創造機構
・ユニバーサル マテリアルズ インキュベーター
他

VCとの組み合わせ調達事例も多数

事例　次世代椅子型モビリティ開発「LIFEHUB」

☑ プレシリーズ A 調達で VC（インキュベイトファンド、事業会社）からの出資と併用

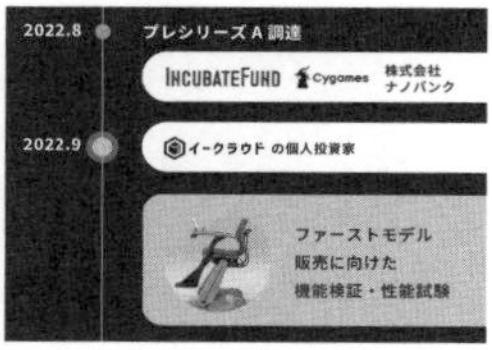

☑ 合計２億円（うち株式投資型クラウドファンディングで約4,600万円）を調達

イークラウドでは創業当初から、株式投資型クラウドファンディングを他の資金調達手段と組み合わせて使っていただくということを前提としてサービスを設計してきました。

このように株式投資型クラウドファンディングの構造上の課題解決に向けて動いてきた結果、ＩＰＯやＭ＆Ａの実績も豊富な50社以上のベンチャーキャピタルと提携関係に発展しています。

株式投資型クラウドファンディングはエンジェル投資家からのサポートやベンチャーキャピタルからのサポートとも異なる特徴があります。起業家の方にはサポートの性質の違いについてご理解いただき、他の資金調達手段と組み合わせて事業成長の資金として有効活用いただくことをご提案しています。

第3章

投資家が留意しておくべきこと

本章では、皆様がスタートアップ投資を行うにあたって重要な「投資先の見極め方」「リスク分散の考え方」「スタートアップ投資で受けられる可能性のある税制優遇」についてご説明します。

「未来志向」の視点で投資先を見極める

現在成功しているどんな上場企業も、起業した直後はスタートアップでした。

投資家の皆様は、数多あるスタートアップの中から、将来飛躍的に成長する可能性のある企業を見出して投資する必要があります。無論、それぞれのプラットフォームがある程度「目利き」をして投資家の皆様にご提供しているわけですが、そもそもエンジェル投資自体が「千三つ（千社のうち成功するのは三社程度）」と度々例えられるように困難な世界です。

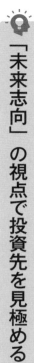

上場株投資では企業の業績や財務状況が決算書などで開示されており、今後の成長可能性や現在の業績と株価の関係性をＰＥＲやＰＢＲなどの指標から把握したうえで今後の業績や株価について予想し、売買の判断をすることができます。

※ＰＥＲ（Price Earnings Ratio）：株価収益率。株価が割安か割高かを判断する指標
※ＰＢＲ（Price Book-value Ratio）：株価純資産倍率。企業の資産面から株価の状態を判断する指標

一方、創業期のスタートアップのビジネスモデルは未確立であることが多く、上場株のとは異なり、開示される情報も少ないため業績を予測することは簡単なことではありません。加えて、製品やサービスが未完成の場合も少なくありません。事業の成功にはむしろ、財務諸表からは読み取れない「未来志向」の視点が重要な要素となります。以下に、私がベンチャーキャピタリスト時代に創業期のスタートアップを見るときに分析の切り口としていたことを7点挙げました。

1　誰の何を解決するどのようなサービス／技術か
2　市場は十分に大きいか、スケールするか
3　ビジネスとして成立するか
4　競合優位性、革新性はあるか
5　事業の成功に向けた戦略が描けているか
6　どんな経験、能力、知識をもった経営チームか
7　資本政策が描けているか

ここでご留意いただきたいのが、上記の切り口に対してすべてを完璧に兼ね備えたスタートアップに出会うことはまずない、ということです。何かはすでにできていて、どこに課題があるのか、今後どのような方向性で課題を解決していけると考えているか、将来的な優位性はどのように構築することができると考えているのか、その仮説を信じることができるかという視点がスタートアップへの投資では大事だと考えています。

１　誰の何の課題を解決するどのようなサービス／技術か

スタートアップの事業は課題の発見、課題の言語化から始まります。課題の背景や、ユーザーが現在どんな手段で対処しているのか、そしてその問題をどのように解決するのか、ズバッと言語化できているかは事業を拡大していくうえで大事なポイントです。

例えばイークラウドで資金調達を行った「ＮｅｘｔＰａｒａｄｉｇｍ」は、ピル（経口避妊薬）のオンライン処方サービスを提供するスタートアップでした。もともとアトピーの治療のため定期的に通院していた同社の代表が、処方される薬をもらうための通院の不便さや、待ち時間の長さに疑問を持ったことが、事業への着想のきっかけだったといいます。当初は遠隔でアトピー薬の処方を受けることができるサービスを考案していたところ、月経前症候群（ＰＭＳ）や月経困難症といった症状に苦しむ女性の多さと潜在的なニーズに目を向け、ピルのオンライン処方サービスという方向に舵を切ったといいます。

課題と解決策がフィットしていればしているほど、そのアイデアには価値があるといえます。Ｎｅｘｔ Ｐａｒａｄｉｇｍの場合、課題が「通院の不便さや待ち時間の長さ」、そして解決策が「遠隔で処方を受けられる仕組み」でした。そのオペレーションと体験をとことん磨き込むことが事業の価値に直結することになります。起業家がその課題に対していかに解像度が高いのか（深く理解しており、次のアクションを明確に語れるか）という点が、一つの注目すべきポイントになるでしょう。

2　市場は十分に大きいか、スケールするか

スタートアップにおける「スケール」とは、「規模が急速に・継続的に拡大する」ことを指します。

スケールの規模を測るうえで参考になるのが、ターゲット市場（最終的に獲得できる市場規模）の大きさです。ＩＰＯ、Ｍ＆Ａなどのイグジットを見据え、参入市場や周辺市場

に一定の大きさがあることが望ましいとされます。市場が小さい場合は成長余地が限られ、頭打ちになることが予想されるためです。市場規模が十分に大きければ競合の数が多いことが予想されますので、競合から頭ひとつ抜けるための差別化、競争戦略が必要です。

また、海外展開しやすいビジネスモデルである場合、スケールの期待値は上がります。現在、日本の人口は1億2０００万人程度であり、少子高齢化による減少が続いていますが、世界に目を向ければ約80億人にものぼり、今後も増加が予測されています。海外に進出しやすいビジネスモデルの場合、将来的な市場拡大も見込めるでしょう。

「成長の急拡大が見込まれるグローバル市場」をターゲットにしている例として、イークラウドで資金調達した「ダイバースファーム」をご紹介します。同社は再生医療の技術を活用して高級培養肉の開発を進めるスタートアップです。

図表17 グローバル食肉市場シェア予測

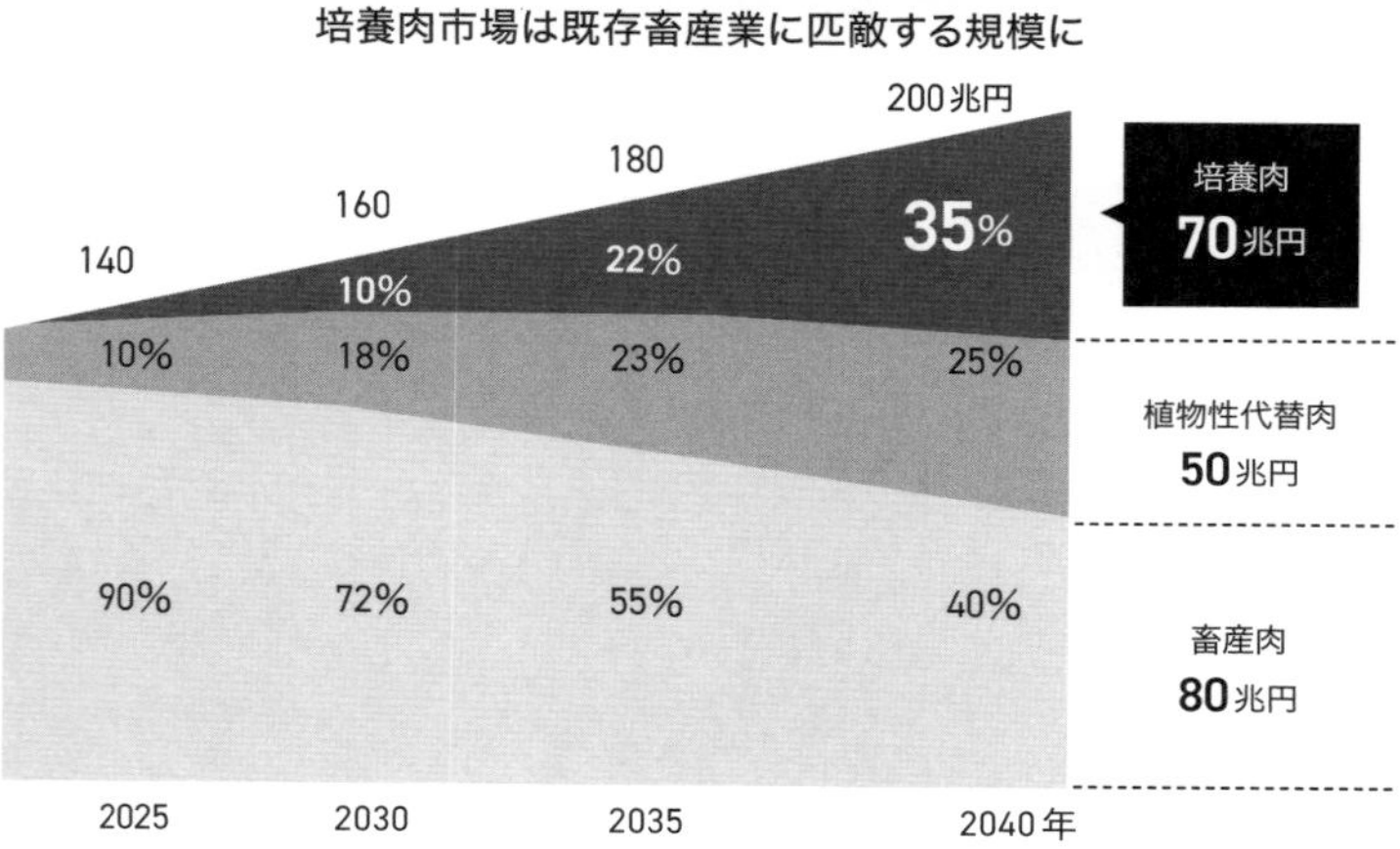

出典：AT Kearney（2019）を基に作成

人口増加を背景に、2040年の世界の食肉市場は15年で約1・4倍となる200兆円規模への拡大が予想されています。一方で食糧不足、とりわけタンパク質の供給が不足する「タンパク質危機」が予想されています。そこで注目されるのが、培養肉製造技術です。培養肉とはウシやブタ、鶏などの細胞を体の外に取り出して培養液の中で細胞を増やし、肉を製造する手法です。

培養肉は徐々に食肉市場における割合を増やし、2040年には35％を占めることになるとの予測もあります。気候変動や紛争などのカントリー・リスクによる原材料供給への影響を受けにくく、安定した生産が可能であること、外的要因に関わらず一定の品質で生産でき、長期間保存・長距離輸送が可能といったメリットが、その市場拡大の根拠だとされています。

注目すべきは、ダイバースファームが「日本品質」の信頼性を武器に、グローバル培養肉市場を、そして特にハイエンド（高級路線）市場をターゲットとしている点です。

「世界的な人口増加」「ＩＴ化」「グローバル化」など、不可逆的に拡大すると思われるマクロな動きをいち早く捉え、拡大市場をターゲットとしているかに注目してみてください。

LTV － CAC > 0
- LTV(Lifetime Value)：一顧客における生涯顧客価値
- CAC(Customer Acquisition Cost)：1人の顧客を獲得するのにかかるコスト

3　ビジネスとして成立するか（収益性のあるビジネスモデルか）

どんなに素晴らしい商品やサービスでも、収益性が低ければ事業を継続することは難しくなります。また、投資家がリターンを得ることも難しくなります。

創業期のスタートアップは、市場においてシェアを獲得するため一時的に赤字先行となっている企業が大半です。そこで、その企業が一定期間後に持続的な収益を生み出すことが期待できるかを見極める必要があります。

例えばビジネスとして成立するかを検証するフレームワークとして「ユニットエコノミクス」という考え方があります。これは、小さな単位（ユニット）で収益性に注目した場合に、どのような経済性になるかという考え方です。

生涯収益（ＬＴＶ）とは、顧客が生涯の取引期間でもたらしてくれる利益の合計のことです。生涯収益が顧客獲得コスト（ＣＡＣ）を上回っていれば、いつか投下したコストは回収されて黒字になります。主にサブスクリプション（定期購入）モデルなど、損益分岐点に到達するまでに時間がかかるビジネスに対して収益性を把握する方法です。

市場シェアを早く確保する必要があるビジネスモデルや、ユーザーや投資家に強い説得力のある成果を示すため、将来の収益性がまだ不確かな段階であっても売上（トップライン）の拡大に重点を置くというのも一つの戦略です。その後収益性に見込みが立てば問題はないのですが、このユニットエコノミクスが成立する可能性が低い、あるいは成立したとしても利幅が確保しにくいビジネスモデルである場合には、事業成長は鈍化するかもしれません。

一見売上が好調な会社でも、ユニットエコノミクスなどの指標に注目し、ＬＴＶの向上やＣＡＣの改善などが実現できそうかという点に注目することも、スタートアップを分析するうえでの観点の一つといえます。

4　競合優位性、革新性はあるか

イークラウド投資家に「投資を行う上で最も重視する要素」を聞くと多くの票を集めるのが「競合優位性」です。しかし一口に競合優位性といっても、業界・競合・タイミングで見るべきポイントは異なるもの。ここでは「投資の神様」ことウォーレン・バフェット氏が投資において重視している「モート（競争力の防御壁）」という概念を紹介します。

「モート」は英語で「堀」や「城壁」を指す単語ですが、ビジネスにおけるモートとは、「競合他社から自社を守ってくれる継続的な優位性」を指します。強く、耐久期間の長いモートを持つ企業は市場での地位を守りやすくなり、長期的な企業価値につながるとされます。

例えば、バフェット氏が極めて高く評価しているアップルの例を挙げてみましょう。バフェット氏は１９９０年代後半のＩＴバブル時には「自分がわからないものには投資しない」というポリシーで、ハイテク企業には投資しませんでしたが、アップルのビジネスモデルが、端末の販売からサービスの利用者の囲い込みに移行すると評価を改めます。今ではバフェット氏率いるバークシャー・ハサウェイの株式ポートフォリオのうち、アップル株が半分を占めるほどです。

多くのメーカーが安く高機能なスマートフォンを製造する中、ｉＰｈｏｎｅやＭａｃといったブランドに多額のお金を喜んで払うユーザーがいるからこそ高い利益率を維持できるわけですが、この優位性はアップルの深く大きいモートに由来します。

モートには、多くのユーザーが利用することで利便性と価値が増大する「ネットワーク効果によるモート」、同じ売上に対して大きな利益を生み出すことで競争優位に立つ「コストによるモート」などがあるとされます。

モートが強固であるほど他社に模倣されにくくなり、自社優位にビジネスを進めやすくなります。

5　事業の成功に向けた戦略が描けているか

事業戦略をみるうえで大前提として必要になるのは、事業の成長のため何に集中し、どのように事業を拡大できると考えているのか、ストーリーと数値計画に整理することです。成長ストーリーはプレゼンテーション資料として、また数値上の計画は3〜5ヶ年の事業計画にまとめられていることが一般的です。

起業家が初期に描いた戦略や事業計画がそのとおりになることはまずありませんが、プレゼン資料や数字計画にまとめられない事業が、ある日突然大きくなるということもありません。

事業戦略の細かい部分は軌道修正が必要になる場合がほとんどです。大きな方向性を信じることができそうか、適切に軌道修正ができそうな起業家だと感じるかに注目すると、重要なヒントになります。

6　どんな経験・知識・能力をもった経営チームか

前の項目で経営者が描く戦略についての捉え方を紹介しましたが、創業初期に投資するエンジェル投資家やベンチャーキャピタリストの中には、「どうせ事業も変わるだろうし、事業計画を細かく見ることはしない」という人もいます。

アメリカのウーバー・テクノロジーズをはじめ、多くのユニコーン企業の創業期を支えたエンジェル投資家のジェイソン・カラカニス氏は「プロダクトやビジネスモデルは二の次で、人に投資する」と述べています。シリコンバレーで最も有名なエンジェル投資家の一人のロン・コンウェイ氏もまた、投資判断で最も重要視しているのは「創業者の決意」だと語ります。

スタートアップ投資のプロであるエンジェル投資家やベンチャーキャピタルは、出資検討時に「何をやるか」と同じくらい「誰がやるか」を重要視します。上場株投資ではすでにビジネスモデルが確立されているため、企業の成長における経営者の影響は相対的に小さくなりますが、より不確実性が高いスタートアップでは、起業家本人とチームの力が事業の成否を大きく左右するからです。以下に、プロの投資家が起業家の「チーム」を見極める際に重視するポイントを挙げました。

①創業者の人物像

私がベンチャーキャピタリストとして最も重要視していたのは創業者の人物像でした。どのような業界やビジネスモデルでも、創業者が掲げた目標に対して優秀な幹部が集まり、優秀な社員が集まり、事業の拡大を目指すという活動は共通しています。創業者一人だけが優れていても、事業が拡大するとチーム戦となり、後発企業や大手企業に負けてしまうかもしれません。事業を拡大していくうえでは仲間集めがとにかく重要になります。そのような仲間集めの性質があることから「自分がその創業者の会社に入社したいと思えるか」というのを一つの基準にしていました。

望ましい人物像については、投資家によってさまざまです。独自の基準を設けて表現するベンチャーキャピタリストもいます。

「その日の夜、夢に出てくるほど印象深い人であったか」

「漫画『ワンピース』の主人公・ルフィのようなリーダーシップと、仲間集めの能力があるか」

「戦国時代だったら何人をまとめられる将軍の器か」
「ファンタジスタのようにスター性があり、投資家を魅了してくれそうか」

など、人によって人物像の表現はいろいろあるようです。

②業界・技術に関する知識

経営チームは事業の市場とその課題について十分に理解しており、業界のトレンドや最新技術について詳しく、その分野で何が求められているかに精通している必要があります。業界のプロが経営に参画していると謳っているケースもありますが、実質的には名前貸しで、特に事業にコミットしていない場合もありますので、幹部として本当にコミットしているのかなどには注意が必要です。

③ビジネスへの知見・起業の成功経験

生まれて初めて起業するという起業家に対して、過去に起業経験を持ち、何度も起業に挑戦する人を「シリアルアントレプレナー（連続起業家）」と呼びます。起業の酸いも甘いも経験したシリアルアントレプレナーはプロ投資家から評価されやすく、資金を調達しやすい傾向にあります。また、経営戦略の策定、市場調査や商品開発、重要な経営戦略の策定には、一定のビジネス経験がある経営者のほうが有利であると評価される傾向にあります。

単にシリアルアントレプレナーだという触れ込みだけでなく、過去にどのような考えで前の会社を創業し、そこではどのような仲間が集まったのか、またどのような結果になったのかなども深掘りすると、投資したい経営者かどうかを判断するための材料になるでしょう。

投資判断の際は、起業家本人だけでなく、チーム全体の評価を行うことが一般的です。会社のボードメンバー（取締役以上の主要メンバー）の実績やこれまでの経験なども確認してみるのも一つの方法です。

7　資本政策が描けているか

資本政策とは「どのように資金を調達し、どう成長するか」という戦略のことで、起業家はもとより投資家にとっても非常に重要な要素です。スタートアップは調達した資金を効果的に使い、競合に対して優位に立ちながら事業をスケールさせ、それを基に次の資金調達を行っていきますので、資金調達力もまたスタートアップの生命線であり、競争力の源泉といえます。

①時価総額（バリュエーション）は適切か

スタートアップは成長資金を確保するため、とにかく大きな金額を一気に調達すれば良い、というわけではありません。大きな金額の資金を調達すると、株主の構成が大きく変わりやすく、会社運営の方向性に大きな影響を与えます。また、重要な意思決定場面において他の株主との意向調整に時間がかかり、思い切った意思決定ができなくなるリスクがあります。この事態を避けるためにも事業の拡大フェーズに合わせて必要な資金調達を行うことが一般的です。

時価総額とは「会社の価値（株価×発行済株式総数）」のことで、上場株式と考え方は変わりません。ただし、上場株における時価総額が株価に応じて刻一刻と移り変わるのに対し、非上場企業の場合は「市場価格（時価）」というものがないため、資金調達のタイミングで評価されます。

投資家の目線では、安く株を買いイグジット時に高く売り抜けることで収益が発生しますので、一般的にできるだけ低い水準のバリュエーションで投資したいというインセンティブが生まれます。一方で起業家にとっては、バリュエーションが高ければ少ない放出割合（株式の発行）で多くの資金を調達することができますので、第三者割当の場合、一般的には投資家と起業家の間で交渉のうえ決定されます。

ハードウェア等の設備投資が必要な事業ではＩＴ事業に比べて多額の資金が必要となる場合がありますが、今後どのような資金調達をして会社を成長させていこうと経営者が考えているのかを聞くことも、投資を検討するうえで参考となります。

②過去の調達はどのような内容か

「いつ、いくら、どのように調達しているか」に加えて、「誰から調達しているか」も注目すべきポイントです。

スタートアップがすでにベンチャーキャピタルからの出資を受けている場合、一定の評価を受けていると考えられます。また、事業会社やCVC（コーポレート・ベンチャーキャピタル）から出資を受けているかにも注目してください。CVCとは、事業会社が自社の事業とのシナジー強化を目的にスタートアップへ出資する形態です。事業会社やCVCの支援や提携により事業が急拡大する場合もあります。

8　自分なりの投資スタイルを確立する

最後に、以上の視点を理解したうえで、自分なりの投資スタイルを確立することが何よりも重要です。

繰り返しになりますが、上記7項目を完璧に満たすスタートアップはほぼ存在しません。

投資家として重視するポイントや、現時点ではリスクと認識しつつ、今後解決できる余地がある点などをそれぞれで判断して、投資判断につなげていただければと思います。

株式投資型クラウドファンディングでの投資にあたって、実際の募集ページをどのように見ていくべきかは第5章をご覧ください。

ポートフォリオにおける株式投資型クラウドファンディングの位置づけ

次に皆様にお伝えしたいのは、資産配分における株式投資型クラウドファンディングの位置づけです。

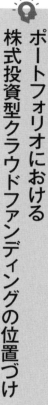

余裕資金と投資額の決定

まずは大前提として、エンジェル投資は流動性が著しく乏しい中長期投資です。自己資金をすべてつぎ込むのではなく、必ず余裕資金で行ってください。

資産配分においては、保有資産を異なる種類の金融商品（株式、債券ほかの有価証券、不動産、商品、現金など）に分散することで、リスクを抑えながらリターンを追求するこ

図表 18 ｜ 守りの資産と攻めの資産を組み合わせる「コア・サテライト戦略」

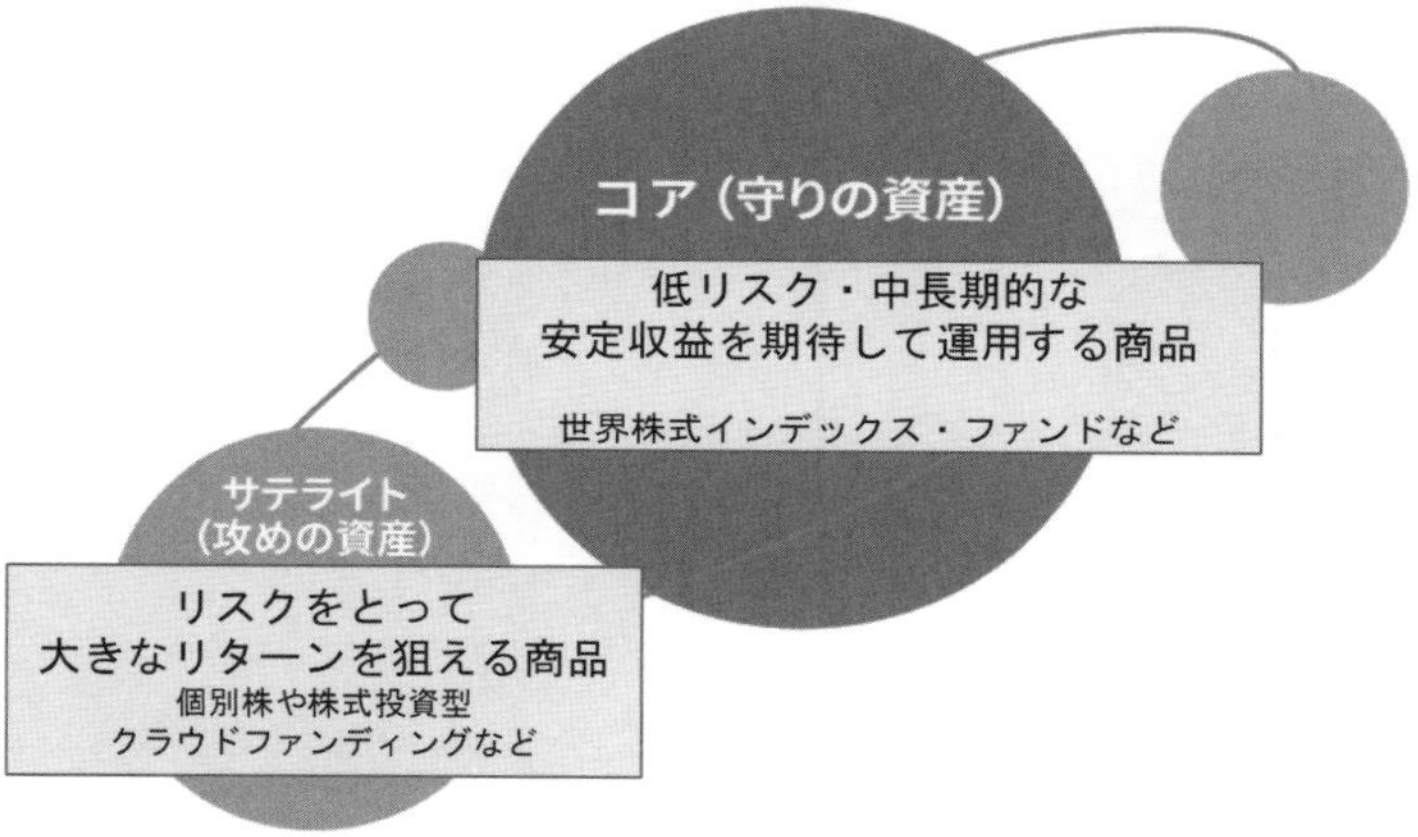

とが重要です。おすすめは、複数の投資対象の中に株式投資型クラウドファンディングを組み込むことです。安定的に運用する「コア」と、リスクをとって高いリターンをめざす積極投資の「サテライト」をバランスよく配置することで、過度なリスクを回避しながらリターンの上積みをめざす投資運用戦略を「コア・サテライト運用」といいますが、株式投資型クラウドファンディングはサテライト運用の一つとして考えるのも良いでしょう。目安としてはポートフォリオ全体の中の10％程度に抑えていただきたいと思います。

図表19 ｜ リスク分散の必要性

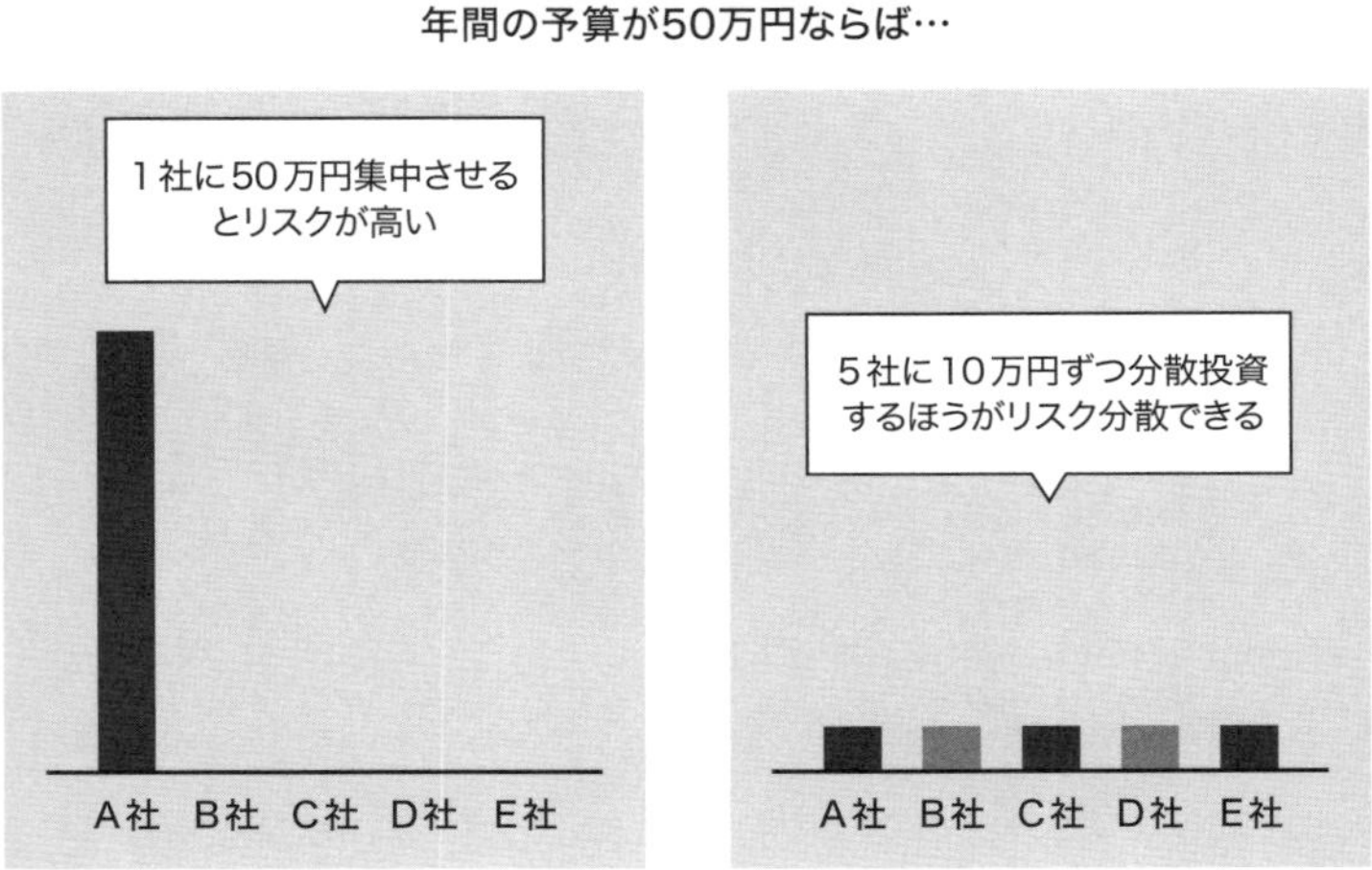
年間の予算が50万円ならば…
1社に50万円集中させるとリスクが高い
A社
B社
C社
D社
E社
5社に10万円ずつ分散投資するほうがリスク分散できる
A社
B社
C社
D社
E社

リスク管理と分散投資

次に、株式投資型クラウドファンディングの中でも投資対象を分散することをおすすめします。例えば年間50万円をスタートアップに投資する方の場合、1社に50万円を集中投資するよりは、5社に10万円ずつ分散するほうが、圧倒的にリスクを分散することができます。

この分散投資の考え方は、スタートアップ投資を生業にしているVCの「勝率」から見ても理にかなっているものです。

図表 20 ｜ VC の期待リターン

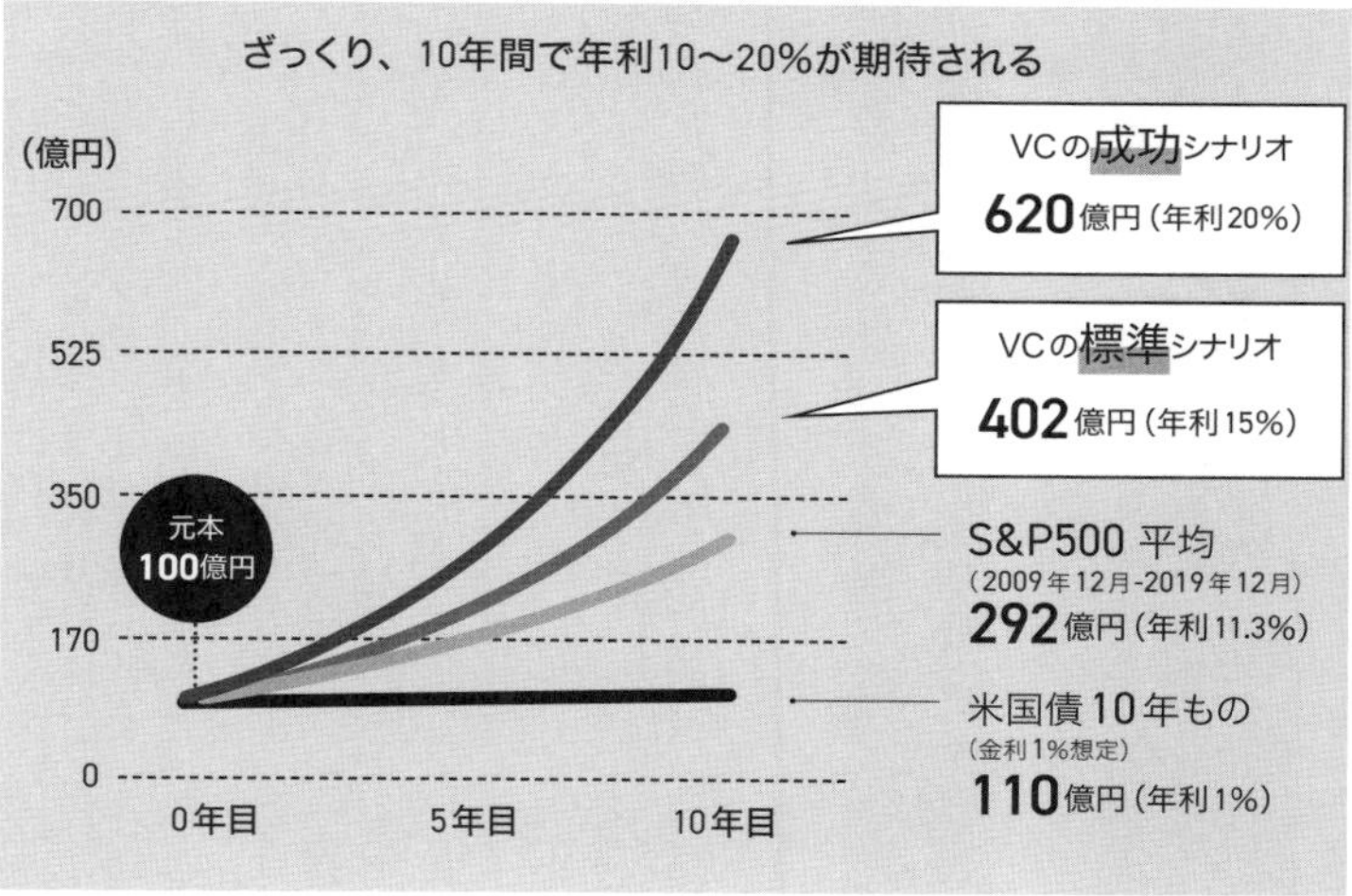

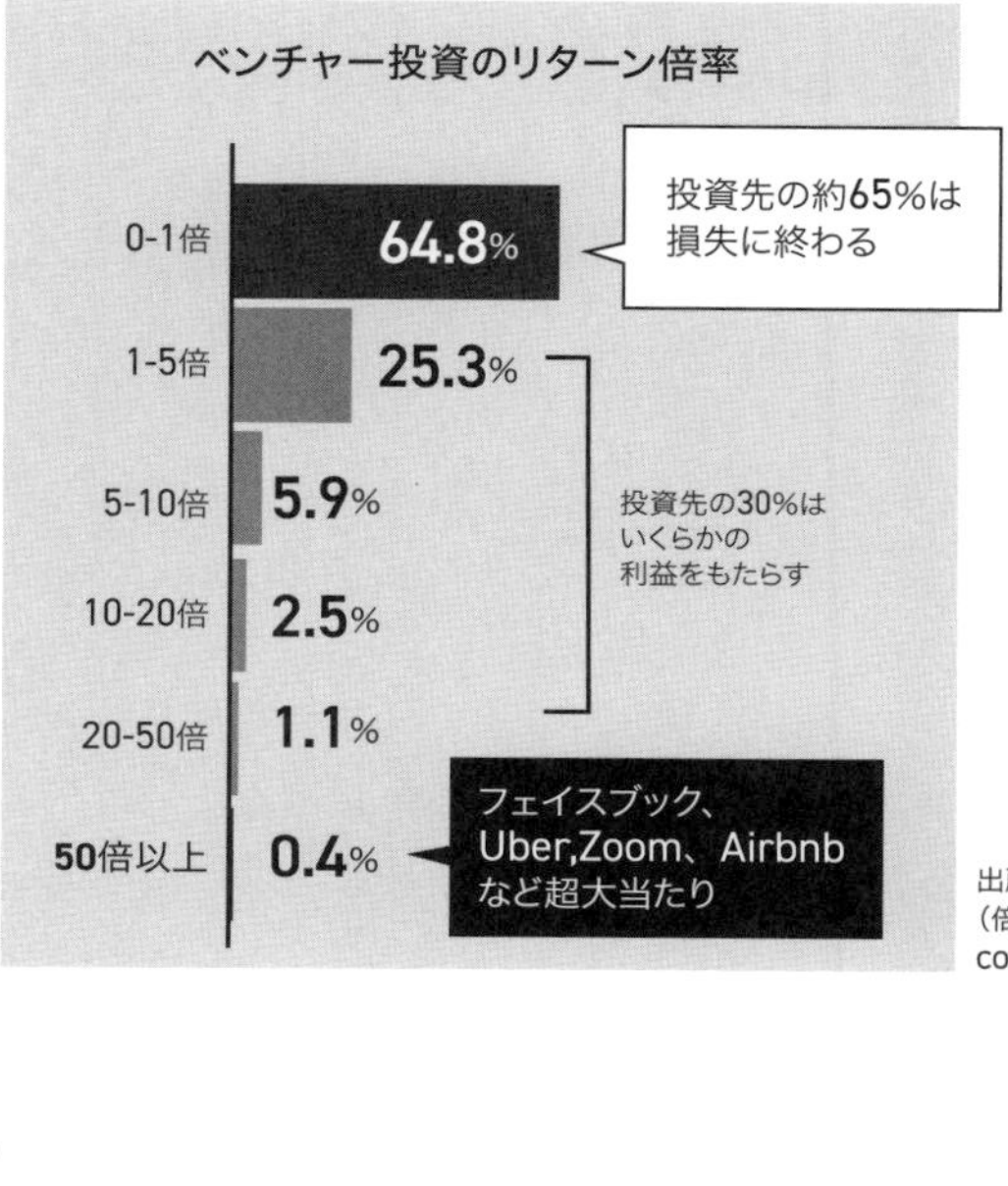

出所：米国VC投資先の平均リターン
（倍率／2004年-2013年）
correlation Ventures調べ

一般的に、ＶＣでは15～20％の内部収益率（ＩＲＲ）を期待されます。つまり、10年満期のファンドですと2～3倍のリターンです。しかしこのリターンは、無論、投資先が満遍なくイグジットに至ってもたらされるわけではありません。スタートアップ投資の本場アメリカでも、ＶＣの投資先において50倍以上のリターンが出る「ホームラン」は1％にも満たず、65％は損失に終わるというデータがあります。プロ投資家の世界でさえ、「成功する投資先」を見極めるのは非常に難しいことや、そのリスクを分散投資によって軽減していることをご理解いただければと思います。

投資家が知っておくべき税制優遇

スタートアップ投資には、投資金額に応じて税制の優遇措置が受けられる場合があるというメリットもあります。

図表 21 ｜ エンジェル税制の利用額・利用企業は年々増加している

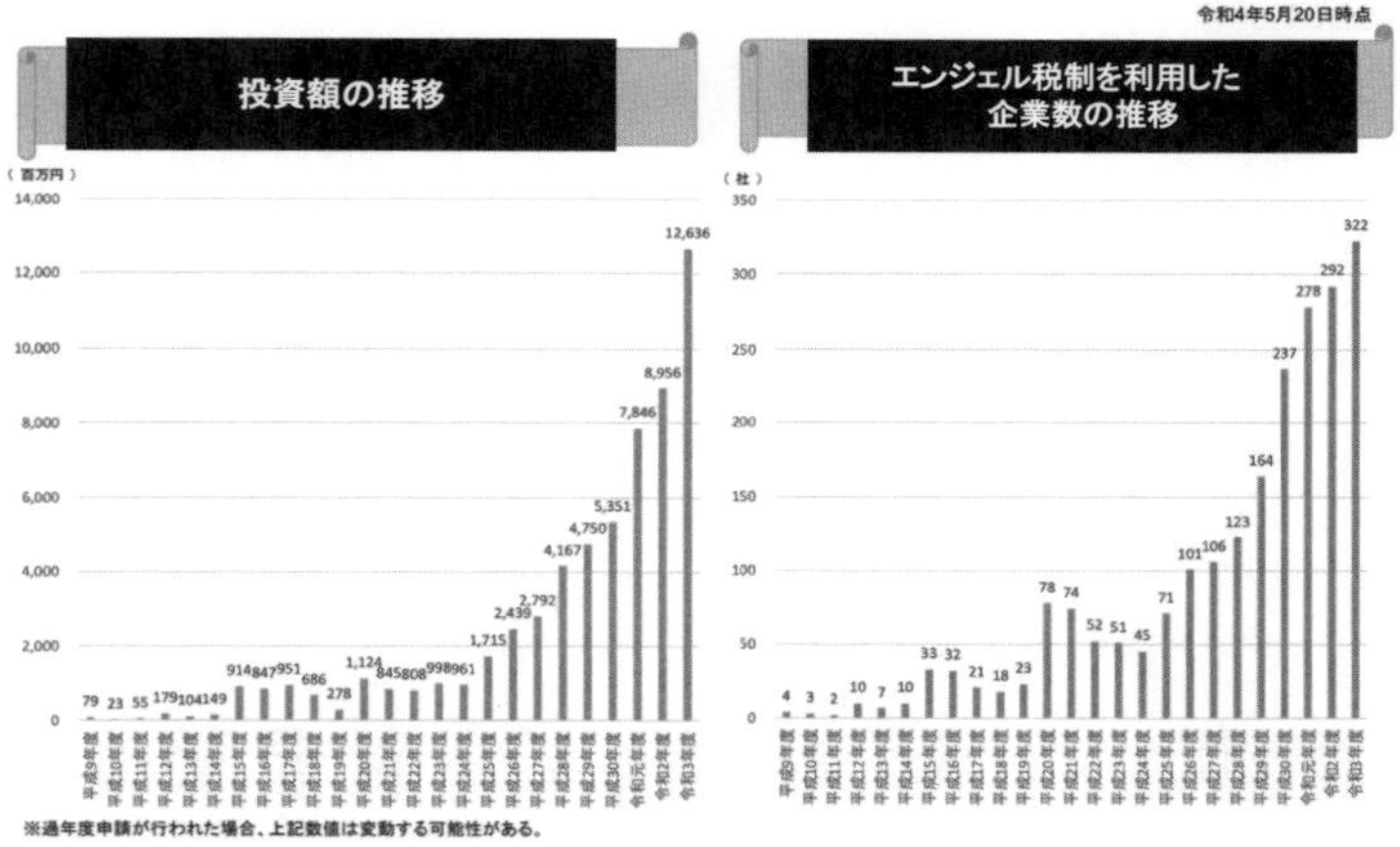

※過年度申請が行われた場合、上記数値は変動する可能性がある。

個人投資家に対して税制上の優遇を行う「エンジェル税制」という制度があり、株式投資型クラウドファンディングでエンジェル税制の対象案件へ投資をした場合、投資金額に応じて税制の優遇措置が受けられる場合があります。例えばイークラウドでは、取り扱った案件のうち約8割がエンジェル税制の対象となっています。

かねてから日本ではスタートアップに流れる資金の少なさや、融資依存で調達手法が少ないといった問題が指摘されてきました。エンジェル税制はこういった背景からスタートアップへ投資を行った個人投資家に対して税制優遇を行う制度として1997年に制定されました。

エンジェル税制は20年以上前に策定された制度にもかかわらず認知度がまだまだ低い印象があります。企業側の手続き面の煩雑さや、対象となる企業の条件の厳しさなどもありますが、主な原因は一般の人が非上場企業に投資する機会がほぼなかったということかと思います。

しかし株式投資型クラウドファンディングの登場によってエンジェル税制がスポットライトを浴び、さらにエンジェル税制が株式投資型クラウドファンディングに対応し使いやすくなったことで、流れが変わってきました。

2022年には岸田文雄内閣のもとで、5年でスタートアップを10倍にしようという「スタートアップ育成5ヵ年計画」が策定されました。

これに伴い、制度的な後押しとしてエンジェル税制の活用促進が進められています。

図表22｜税制優遇を受けられる２つのタイミング

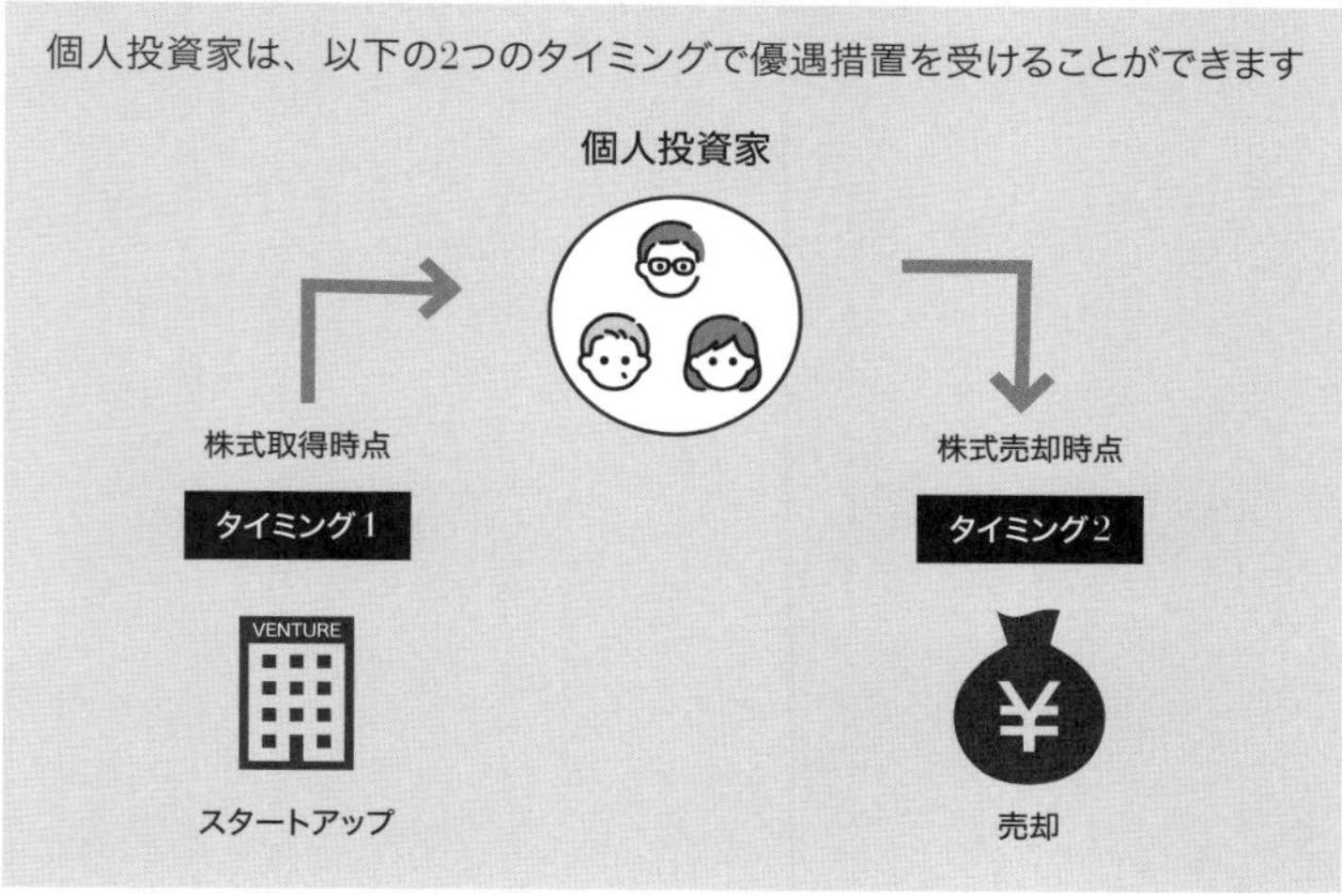

タイミング1　株式取得時点の優遇措置

- 投資した年に所得税の優遇措置を受けられる
- 企業ごとに以下のいずれかの優遇措置を利用
  ①投資した年の**総所得金額から控除する優遇措置A**
  ②投資した年の**株式譲渡益から控除する優遇措置B**

タイミング2　株式売却時点の優遇措置

- 株式売却して損失が発生した場合に
  所得税・住民税の優遇措置を受けられる
- 売却した年の**株式譲渡益と通算（相殺）することができる**
- その年に通算しきれなかった損失は翌年以降3年にわたり、
  順次株式譲渡益と通算することが可能

エンジェル税制とは

エンジェル税制では大きく2つのタイミングで優遇措置を受けることができます。1つ目は株式取得時点、2つ目は株式売却時点です（ただし、取得時に税制優遇を受けた場合には、株式売却時に取得時の優遇分を取得費から差し引いて計算します）。

株式取得時点の優遇措置

非上場のスタートアップに投資した年に受けられる所得税の優遇措置には、「優遇措置A」と「優遇措置B」、「プレシード・シード特例」があります。

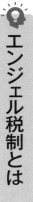

図表 23 ｜ 株式取得時点の優遇措置

	優遇措置Ａ	優遇措置Ｂ	プレシード・シード特例 ※4
対象企業	設立５年未満の企業	設立10年未満の企業	設立５年未満、営業損益０未満等の企業
控除対象	投資した年の総所得金額	投資した年の株式譲渡益 ※2	投資した年の株式譲渡益
控除金額	投資金額 - 2,000円 ※1	投資金額全額 ※3	投資金額全額（売却益20億円まで非課税）※5

※1 控除対象となる投資額の上限は、総所得金額×40%と800万円のいずれか低い方です。
※2 申告分離課税のうち所得税の15%が優遇措置の対象（住民税の5%は対象外）
※3 控除対象となる投資額の上限はありません。なお、エンジェル税制「優遇措置A」の要件を満たすスタートアップに投資した場合は、確定申告時に「優遇措置B」を選択することが可能です。
※4 プレシード・シード特例の詳しい要件は、経済産業省HPよりご確認ください。
※5 プレシード・シード特例の上限20億円とは非課税となる額となり、それを超える投資分については課税の繰延の対象となります。

優遇措置Ａについて

優遇措置Ａの対象は、設立5年未満のスタートアップへ投資した場合に対象となる可能性のある優遇措置です。「スタートアップへの投資額－2000円」をその年の総所得金額から控除できます。

例を挙げて説明してみましょう。計算を簡単にするために、所得税率は20％とします。

例えば、総所得800万円の人が200万円のエンジェル投資を行った場合、200万円（正確には199万8000円）の所得控除を得られるため、約600万円の所得とみなされて所得税の計算が以下のように行われます。

－800万円×所得税率20％＝160万円（本来の所得税額）
－600万円×所得税率20％＝120万円（税制優遇後の所得税額）

このように、税制優遇後はおよそ40万円分の税制メリットを受けられることになります。優遇措置Aは総所得金額が高いほどメリットの大きい税制優遇となります。

優遇措置Bについて

優遇措置Bは、設立10年未満のスタートアップへ投資した場合に対象となる可能性のある優遇措置です。

対象のスタートアップへの投資額全額を他の株式譲渡益から控除できます。つまり、他の投資で利益が出ている場合、対象企業に投資した金額を相殺できるというものです。

図表24 ｜ 優遇措置A、Bのどちらのメリットが大きいかは所得額や株式譲渡益の大きさによって異なる

	事例I	事例II
①総所得金額 ※所得税20%とする	700万円	500万円
②エンジェル税制企業への投資額	200万円	400万円
③他の株式譲渡益	100万円	300万円
優遇措置A	(②200万円-0.2万円)×所得税率20%= 約40万円	①500万円×上限40%×所得税率20%= 約40万円
優遇措置B	③100万円×所得税率15%= 約15万円	③300万円×所得税率15%= 約45万円

優遇措置Ａ、Ｂのどちらのメリットが大きいかは所得額や株式譲渡益の大きさによって異なります。

優遇措置Ａは総所得金額からの控除になりますので、その他の投資の状況に関わらずメリットが享受でき、より多くの投資家にメリットが出やすい傾向にあります。そういったこともあり、優遇措置Ａの対象企業の要件は優遇措置Ｂよりも厳しくなっています。なお、優遇措置Ａの対象案件の場合は、優遇措置ＡまたはＢのいずれかを選べる制度になっています。

プレシード・シード特例について

2023年の税制改正で増設されたのが「プレシード・シード特例」です。プレシード・シード特例は設立5年未満、営業損益0未満等の企業へ投資した場合に対象となる可能性のある優遇措置です。

対象のスタートアップへの投資額全額を投資した年の株式譲渡益から控除できるところまでは優遇措置Bと同じですが、取得したベンチャー企業株を売却して利益を得た場合の課税が「20億円まで非課税になる」という部分が大きく異なります。

株式売却時の優遇措置

もう1つの優遇タイミングは、スタートアップ株式を売却して損失が生じた場合です。

図表 25 ｜ 株式売却時点における優遇措置

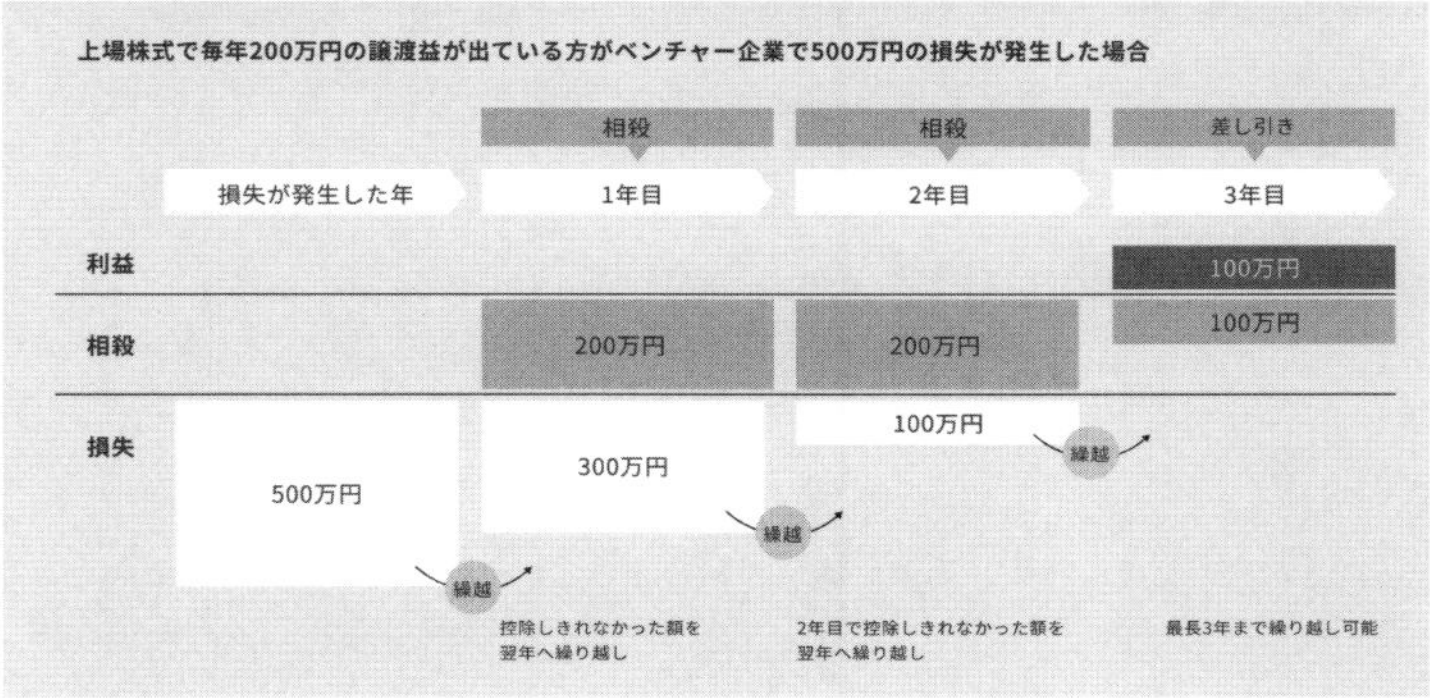

その損失を、その年の他の株式譲渡益と通算（相殺）することができます。

対象企業の株式の売却等により生じた損失を、その年の株式譲渡益と通算（相殺）できるだけでなく、その年に通算しきれなかった損失については、翌年以降3年にわたって、順次株式譲渡益と通算することができます（毎年確定申告が必要）。

なお対象企業が上場しないまま、破産、解散等をして株式の価値がなくなった場合にも、同じく翌年以降3年にわたって損失を株式譲渡益と通算することができます。

エンジェル税制の申請手続きの流れ

エンジェル税制による優遇を受けるには、確定申告を行う必要があります。確定申告用書類の取得方法はプラットフォームによって異なりますが、以下にイークラウドにおける手続きを記載します。

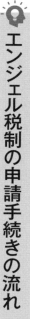

株式投資契約書を郵送

各企業ごとにエンジェル税制優遇措置受付期間を設定し、メールやマイページにてお知らせします。

期限日までに、「株式投資契約書」をイークラウド宛にご送付ください。エンジェル税制申請の受付は、株式投資契約書の送付（到着）をもって代えさせていただきます。もう

１枚の株式投資契約書はお手元に保管していただき、税務申告の際に税務署にコピーをご提出ください。

確定申告に必要な書類を受取

株主となった年の翌年1月頃、イークラウドから申請受付済みの投資家の方へ確定申告に必要な書類を郵送いたします。

確定申告の実施

確定申告書上で、エンジェル税制の優遇措置を受けることを申請する旨を記載し、イークラウドから送付した書類および株式投資契約書の写しを添付のうえ、管轄の税務署で確定申告を行います。

なお、税務相談等のお問い合わせは、税理士または最寄りの税務署にお問い合わせください。

コラム：1社に50万円以上投資できる！特定投資家制度を採用するプラットフォームも登場

個人が株式投資型クラウドファンディングで投資できるのは原則、1社につき1年間50万円までとお伝えしました。これに対し、1社あたり1年間50万円超の投資を可能にする制度が「特定投資家制度」です。

特定投資家とは、金融商品に対する十分な知識、経験や、財産、リスク管理能力などを有している投資家です。金融商品取引業者が特定投資家向けに金融商品の販売・勧誘等を行う際に、法令等に基づく行為規制の一部が適用除外とされる制度です。

2022年7月1日に「金融商品取引業等に関する内閣府令等の一部を改正する内閣府令」が施行され、特定投資家に移行可能な個人の要件などが改正され、この制度が利用可能となりました。改正前は「純資産3億円以上かつ有価証券等の資産3億円以上かつ有価証券の取引経験1年以上」という要件のみだったところ、改正後は「年収が1000万円以上かつ特定の知識・経験を有するかつ有価証券の取引経験1年以上」など複数の要件が追加され、より多くの方が特定投資家の条件を満たすようになりました。

イークラウドでは登録されている投資家へのアンケートから（2021年実施）、約35％の方に50万円以上の投資のニーズがあることがわかり、特定投資家制度を採用するに至りました。

2024年3月現在、特定投資家制度を取り入れている株式投資型クラウドファンディング事業者はイークラウドを含めて2社のみとなります。

※株式投資型クラウドファンディングにおける特定投資家への移行要件は、プラットフォームによって異なる場合があります。

第4章

株式投資型
クラウドファンディング
のリアル

「どんな人が投資しているのか」を数字で見てみよう

株式投資型クラウドファンディングで「どんな人が投資しているのか」を見ていきましょう。

イークラウドに登録いただいた投資家には顕著な特徴があります。30~60代の情報感度が高い男性が中心で、職業は会社員、公務員、中小企業の経営者ご自身でスタートアップ経営を行っている方など様々です。

投資経験にも特徴があります。投資家の95%が株式投資の経験者であるのに加え暗号資産（仮想通貨）の経験者も半分近くおり、株式投資以外にもいくつかの金融商品への投資を経験して、その一環として株式投資型クラウドファンディング「にも」投資をしてみようと思った人が多い傾向にあるようです。

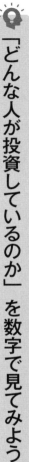

投資のモチベーションにも特徴があります。上場株投資と、株式投資型クラウドファンディングでは「期待リターンの性質」が大きく異なっているのです。図を見ていただければ分かるように、投資家にとって上場株投資に期待するもののほとんどは「経済的リターン」であり、「利益が増えそうか」「資産としての価値が上がりそうか」という視点で見られる場合がほとんどです。

事業の実績などが定期的に開示され、いつでも証券会社を通じて売買できるのが上場株の特徴ですが、一定の募集期間に成長を期待して中長期の投資判断をする必要があるのが株式投資型クラウドファンディングの特徴です。イークラウドの調査では、投資家のうち６割を超える人が「中長期でベンチャーの成長を応援したい」と答えており、その理由については

・自分ができないことをやっている人を応援したいから

・今までに世の中になかった価値を生む会社や、社会的インパクトのある会社に投資できるから
・単純な寄付よりも、自己肯定感が高まる気がするから

など、株主として起業家と同じ船に乗ったり、企業を通してイノベーション支援や社会貢献ができることに価値を感じる方が多いようです。

次の項以降では、具体的に投資家の声を聴いてみましょう。

図表 26 ｜ 投資家心理の違い

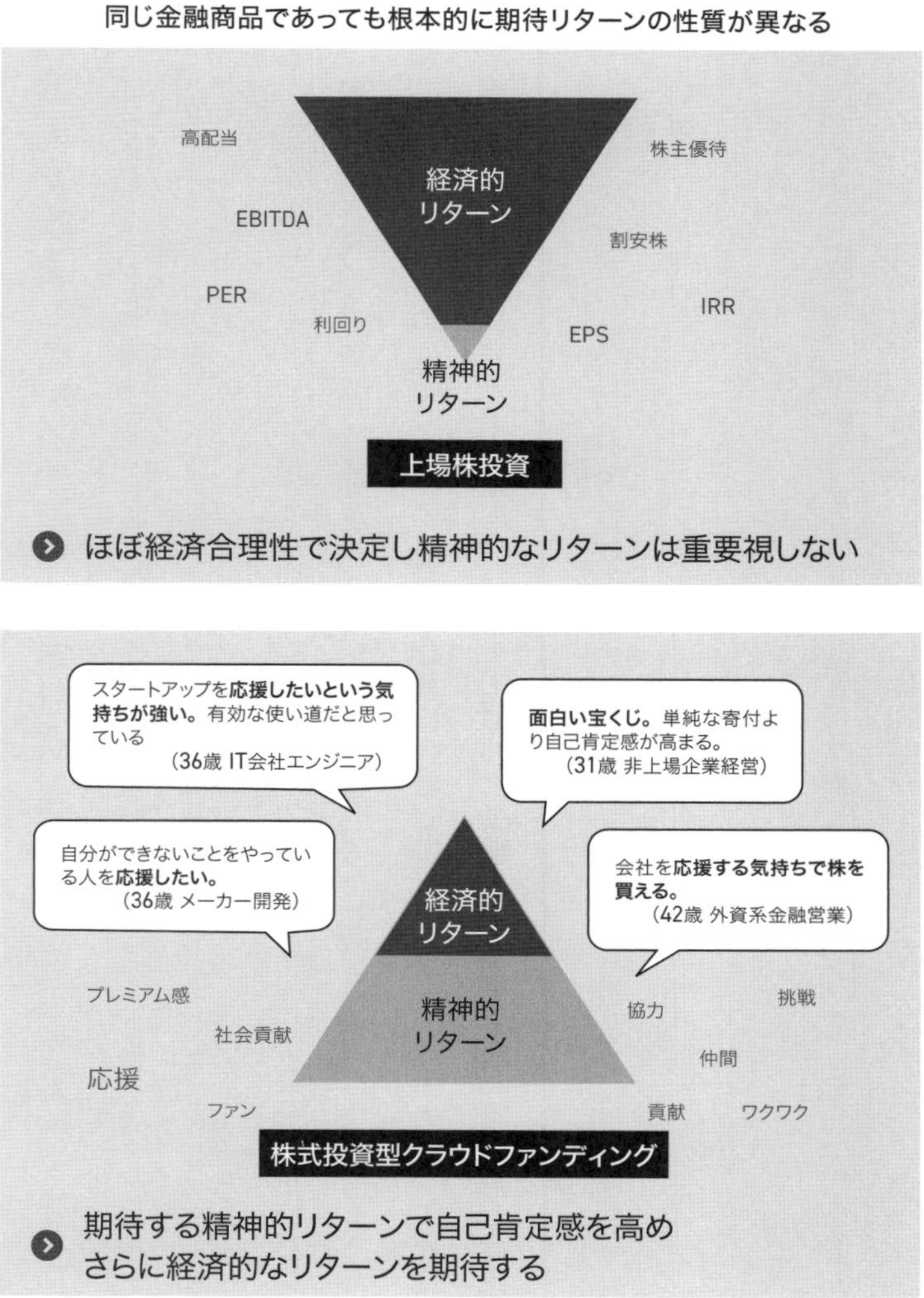

どんな人が投資しているか――①会社員Yさんに聞いてみよう――

――Yさんが投資を始められたきっかけを教えていただけますか？

Yさん　父親が投資をしていた関係で投資家のロバート・キヨサキさんの著書『金持ち父さん　貧乏父さん』も読むなど、投資には早くから興味を持っていました。
　実際に投資を始めたのは新卒でベンチャー企業に入社してからです。大手と違って将来への不安もあったため「自分で資産形成しなくては」と危機感を抱いて自己流で投資を始めるようになりました。

――投資は最初からうまくいきましたか？

Yさん　初めは自己流で、聞いたことのある会社に投資していましたが、利益は出ませんでした。その後、信用取引も始めて、一時的には利益が出ましたが、ライブドアショック

やリーマンショックによって目減りしたため、今後の成長が期待できる小型株への集中投資に投資アプローチを変えるようになりました。それなりの利益が出るようになったのは２０１１年のアベノミクスあたりからで、給与に加えてストックオプションもあり、ある程度は余裕をもって投資もできるようになりました。

――Ｙさんの投資は株式投資が基本ですか？

Ｙさん　現金が50％、株式投資が50％で、今は日本株、米国株、ＮＩＳＡとｉＤｅＣｏもやっています。基本は長期投資で、今持っている株を短期で頻繁に売買するつもりはありません。中長期計画の進捗から著しくずれたり、前提条件が大きく変わるといったことがあれば別ですが、そうでなければ株式投資の基本は長期保有と考えています。

――かなり保守的な考え方をされていますが、そんなＹさんが株式投資型クラウドファンディングに興味を持たれたきっかけは何だったのでしょうか？

Yさん　株式投資型クラウドファンディング自体は何年か前から認知していましたが、株式投資で譲渡益が出て、余力もあったので、税制優遇を受けられるエンジェル税制に惹かれてトライしました。

上場株だけ取引していると、安定はしているのですが、上澄みだけをとっているようで気が引けるので、ベンチャーエコシステムに貢献したいという気持ちもあり、試しにやってみようという気持ちになりました。

――経済的利益だけでなく社会貢献という点も魅力だったのですね。

Yさん　上場株だけやっていると社会貢献をしている実感が持ちにくいのですが、新しい企業が成長していく後押しをできるというのは投資をしている人には案外刺さるのではないでしょうか。

私自身も前からエンジェル投資に興味はあったのですが、自分も含めて興味はあっても、肝心のネットワークがないと、どこに投資していいかが分かりません。その点、株式投資型クラウドファンディングはプラットフォームが投資先を審査選別してくれる良いシステムだと思います。

――一方で株式投資型クラウドファンディングにはリスクもありますが、その辺はどのようにお考えですか。

Yさん　すべての企業が成功するわけではなく、倒産したり解散することもあるわけですから、資産形成だけを目的にしたらもっと手堅い商品のほうが良いと思います。どちらかというと「会社を応援する気持ちで投資する」もので、余裕資金があれば、失敗してもいい覚悟でやってみると良いのではないでしょうか。

ただ、社会貢献しているという実感は持てるし、何年か後に大きな利益をもたらしてくれることで、自分にはビジネスの将来性を見抜く力があったことを証明してくれるかもしれないという楽しみがあるのも事実です。

どんな人が投資しているか ―②高校教員Fさんに聞いてみよう―

―Fさんが投資を始められたきっかけを教えていただけますか？

Fさん　きっかけは父親から勧められたことです。

大学4年の頃だったと思いますが、以前から株式投資を行っていた父親から「お前もやってみないか」と勧められて、50万円でファンドラップを始めたのが初めての投資です。しかし、その頃は投資に対する興味もあまりなく、面倒くさがって放っておいたら半年で元本を割ってしまい「これはまずいぞ」と自分でも真剣に調べるようになりました。

※ファンドラップ：金融機関などに資産運用を一任できるサービス

―Fさんがやってこられたのは、ほとんど株式への投資ですか？

Ｆさん　比率的には30％を現金で持って、70％を株式投資や投資信託で運用しています。最初は株主優待を目当てに、主に国内の個別株に投資していました。２０１５年、日本郵政３社が株式公開をした時に父親がＩＰＯ投資で利益を出したのを見て私も興味を持つようになり、ＩＰＯ投資の抽選に応募するようになりました。

――元々ＩＰＯ投資に興味を持たれていたことが株式投資型クラウドファンディングへの興味につながったのでしょうか？

Ｆさん　はい、元々ＩＰＯ投資をやっていましたし、投資ブロガーの記事などから株式投資型クラウドファンディングのことを知り、２０１８年頃からやるようになりました。最初はファンディーノで投資をして、次にイークラウドでも投資するようになりました。合計22社に投資し、定期的に届くＩＲが面白くて楽しみにしています。

ただ、こちらはＩＰＯ投資と違って経済的利益というよりは頑張っている社長たちを応援したいという気持ちの方が強いかもしれません。

——たしかに株式投資型クラウドファンディングはＩＰＯ投資と違ってすぐに結果が出るわけではありませんからね。

Ｆさん　株式投資型クラウドファンディングは絶対の成功が約束されているわけではありませんから、私自身、株式投資のコアではなく、サテライトのようなものだと考えています。投資の基本はあくまでも手堅く行うことなので、株式投資型クラウドファンディングには極端なことを言えば「なくなってもいいお金」を振り向けるようにしています。

では、なぜそうまでして行うのかというと、自分が投資したお金で会社が成長し、社会を良くしていく力になれば一種の社会貢献にもなるし、私自身の生活に活力を与え、「自分も頑張ろう」という力になると信じているからです。

その意味ではこの投資は私にとっては「応援枠」のようなものだし、投資資金を何年かタイムカプセルに入れて、３年後、５年後に大きく成長するのを楽しみに待っているという感じでしょうか。

――株式投資型クラウドファンディングはどんな人に向いていると思いますか？

Fさん　株式投資型クラウドファンディングは投資したお金がゼロになるというリスクもありますから、手堅い運用をしたいという人には勧めません。大切なのは対象となる企業や起業家がやろうとしていることに共感できるかどうかであり、頑張っている会社を応援したいという気持ちが持てるかどうかではないでしょうか。そしてその気持ちがあれば、タイムカプセルを開ける日を楽しみに待てるのではないかと思います。

「どんな企業に投資できるのか」を実例で見てみよう

株式投資型クラウドファンディングの世界では、多種多様な企業への投資が可能です。

この章ではイークラウドで資金調達を行った起業家にインタビューし、彼らがどのようなビジョンや情熱を持って事業を進めているのかを紹介します。具体的な事例を通じて、これらの企業とその経営者たちの物語を深掘りしていきましょう。

どんな企業に投資できるのか① 全国300か所以上の家で多拠点生活を叶える住まいのサブスク「アドレス」

最初に全国の生活拠点に滞在できる「住まい」のサブスクリプションサービス「ADDress（アドレス）」をご紹介します。

ADDressは、全国300か所以上の「家」に滞在できる多拠点生活プラットフォームです。同社は「多拠点生活」のパイオニアとして、新しい市場の創出を目指します。

図表 27 ｜ 多拠点生活をサブスクリプションで提供し、多様な生活様式を可能に

ADDress
多拠点生活プラットフォーム
月会費を払うことで
空き家などの遊休物件を改修した
全国の「家」に自由に住める
予約〜決済まで
オンライン完結
Wi-Fi や
家具・家電完備
月9,800円〜
利用可能

★募集概要

会社名	株式会社アドレス
事業概要	多拠点生活サブスクリプションサービス
申込額	9,930 万円（目標募集額：3,000 万円）
申込者数	505 名

★募集時のポイント（募集当時）

1. シェアリングエコノミーの第一人者が率いる多拠点生活市場のパイオニア
2. 売上３年連続増加、会員増加率前年比約 157%、物件数 270 件突破と、力強い成長曲線を描く
3. 藤野英人氏、佐々木俊尚氏など世界観に共感する各業界のプロフェッショナルも多数参加

――事業内容について教えてください。

佐別当代表　アドレスは、全国３００か所以上（２０２3年12月末時点）の生活拠点で多拠点生活を叶える「住まい」のサブスクリプションサービスです。

新型コロナウイルス感染拡大の影響からリモートワークが一気に普及し、地方で仕事と余暇を楽しむ「ワーケーション」が多くの人にとって身近なものになりました。アドレスでは、地方でリモートワークができる環境を月々９８００円から利用日数に応じて提供しています。

一方、地方では人口減少・高齢化が深刻化してきています。全国３００以上の「家」を通じ、町の担い手が不足する地方と多拠点生活者をつないで関係人口の創出にも貢献したいと思っています。

――株式投資型クラウドファンディングを実施される以前の資金調達と実施を決意された経緯について教えてください。

佐別当代表　シリーズCでの資金調達が完了した後に株式投資型クラウドファンディングを実施しています。

創業当初、約20名のエンジェル投資家から一人50万円程度を投資していただいたことがあります。当時は、ほとんどの投資家が顔見知りという状況でしたが、より多くの個人投資家をアドレスの株主として巻き込むような取り組みをしたいとは、創業当初から考えていました。しかし当時の株式投資型クラウドファンディングは、法整備の問題や株主管理など仕組みが煩雑な印象があり、踏み切れずにいました。

しかし昨年、波多江さんと意見交換し、法整備がかなり整ってきたことや株主との契約がデジタルで完結できるなど、経営者の負担が緩和されてきたことがわかりました。アド

レスが持つ社会的意義や共感性に賛同してくれる個人の方々のお力をお借りするのは今だと思い、株式投資型クラウドファンディングの実施を決断しました。

――株式投資型クラウドファンディングの募集期間中に感じたことを教えてください。

佐別当代表　クラウドファンディング開始のとき、実はイベントに登壇していました。状況が気になってスマートフォンで状況を何度も確認していましたが、開始30分で想定以上の額が集まり、目標が現実になる感触を得ました。

一方で、多くの方からご期待をいただいていると実感することにもなり、これからさらに気を引き締めてアドレスを成長させていかないといけないという緊張感が生まれ、まるで上場の疑似体験をしたような感覚でした。

――今回株主になった方やアドレスのコミュニティの方から何か反応はありましたか？

佐別当代表　**クラウドファンディング実施後、複数の株主とお会いする機会がありましたが、皆様口を揃えて言ってくださるのが「アドレスの株主になれたことが嬉しい」という言葉でした。一般投資家の上限金額である50万円を投資してくれた方は、「もっと出資したかった。何でも協力するので言ってください」と言ってくれました。**

これはとてもありがたいことです。例えば上場株を持っていても、その企業の株主になれて嬉しいとか、このサービスを応援していて誇りに思うといった感覚って、めったにないと思うんです。今回の資金調達では、株主になれたことへの喜びやアドレスへの応援の言葉をいただき、強い信頼関係が生まれたと思っています。

――今回のクラウドファンディングに対する社内の反応はどうでしたか。

佐別当代表　**社内の複数名のスタッフが、今回のクラウドファンディングが自信につな**

がったと言ってくれました。

創業を経験していない中途のメンバーは特に、エンジェル投資家がアドレスが持つ可能性に共感してくれたという過程を体験していないので、「こんなに多くの人から応援されているんだ」と感じるとても貴重な機会になったようです。アドレスの社員でいることへの誇りが生まれたのではないかと感じました。

ベンチャーキャピタルから5億円、10億円を調達するのもすごいことですが、株式投資型クラウドファンディングの仕組みでハードルを下げて、たくさんの方から10万円、20万円をお預かりして数百人の応援団を作れるのは、個人的には何倍も喜ばしく、カッコいいことだと思います。サービスが社会に必要とされている、何よりの証拠だと思うからです。

どんな社会をつくりたいか、どんな人を幸せにしたいかを軸に考えて、今後もアドレスを推進していきたいと思います。

アドレスは人口減少や空き家活用問題など地方で深刻化する課題に対し、都市部で顕在化するワーケーション、多拠点生活といった需要をつなぐことで人口の流動性を高め、地方活性化を実現しようとしています。

株式投資型クラウドファンディングを通して、理想の社会の実現や課題解決を目指す経営者と出会い、その企業に参加することで、最前線で自分が共感する社会の実現を目指すことができるのです。

どんな企業に投資できるのか②モンゴル発のレザー製品で世界を目指す「ラズホールディングス」

次にご紹介するのは、レザーブランド「ハッシュタグ（ＨｕｓｈＴｕｇ）」を運営する「ラズホールディングス」です。ブランド開始から約32ヶ月で月商３０００万円を達成。絶え間ないＷｅｂマーケティングの改善積み上げをドライバーに、事業成長を続けています。

――事業内容について教えてください。

戸田代表　「ハッシュタグ」というレザーブランドを運営しています。世界中の高品質な素材や、日本の技術から生まれるシンプルなアイテムを通じて、お客様ひとりひとりの魅力を最大限引き出すことを目指しています。

★募集概要

会社名	ラズホールディングス株式会社
事業概要	高品質レザーブランドの提供
申込額	1,476 万円（目標募集額：996 万円）
申込者数	80 名

★募集時のポイント（募集当時）

1. SPA 方式で中間マージンを省き、高品質な本革製品を適正価格で提供
2. 販売開始２年目に単月黒字化を達成、コロナ禍でも前年比 300% 超の売上を達成
3. Web マーケティング事業をグロース・売却に導いた経営チームのノウハウで急成長を目指す

図表 28 ｜ 高品質なレザー製品を適正価格で提供する「ハッシュタグ」

――戸田さんが起業された経緯を教えていただけますでしょうか?

戸田代表　大学卒業後に地元の銀行に就職したのですが、1年で退社しました。元々自分で会社をやりたいという思いがあったので、元手をかけずに始められるビジネスとしてインターネットの広告運用を学び、修業を積んで1年後に起業しました。

起業した時点では、とにかく「お金持ちになりたい」という思いしか持っていませんでしたが、いざ事業がうまくいくようになって毎月何百万円ものお金を手にするようになると、「何かが違う」といった違和感が生まれてきました。

「自分は何のために生きているのだろう?」「社会のためにできることがあるのではないか?」

と、もやもやした気持ちで日々を過ごしていた頃、お世話になっていた実業家の方がモンゴルへ視察に行くと聞き、同行させていただきました。そして現地を見て、直感的に面白そうだなと感じたので、経営していた会社の仕事は全部社員に任せて、モンゴルに移住しました。26歳の時です。

――当時はモンゴルにはレザー製品をつくる会社はなかったのですか？

戸田代表　モンゴルの革自体は評価されていたのですが、それらをバッグなどの最終製品に仕上げる技術は微妙なものでした。一方で日本の縫製技術はグローバルで見てもトップクラスだということは知っていました。そこで、「モンゴルレザー×日本の技術」というコンセプトを思いつきました。

「モンゴル社会に貢献したかった」と言えば格好いいのですが、それ以上にモンゴルにいるたくさんの友だちが幸せになるようなことをしたいというのが正直な思いです。

――レザーブランド事業のその後について教えてください。

戸田代表　2022年の終わりごろから、国内生産に切り替えて成長を続けています。中国のロックダウンやウクライナ戦争をきっかけとした深刻な資材不足や物価高、急激な円安など様々な問題が同時に起こり、断腸の思いでしたがモンゴルの工場を閉鎖しました。モンゴルレザーを一部引き続き使うことで、ＨｕｓｈＴｕｇの最初の理念を持ったまま国内生産に切り替えたという経緯があります。

モンゴルでの自社生産という部分では撤退してしまいましたが、あくまで個人としては、まだモンゴルで何かをやりたいという思いは残っています。

また今回、国内生産に移行したことで、改めて日本のモノづくりのすごさに気づきました。一方でこんなに卓越した技術を持っているのに、マーケティング上の課題などさまざまな要因もあって、まだ成長する余地があるのではないかというのも、現場を見て感じた

ことでもありました。

世界にはこんなにも、残していくべき優れた素材や伝統的な技術がたくさんあるんだというのは、モンゴルレザーという素晴らしい素材との出会いから、僕自身が身をもって実感したことでもあります。こういった価値あるものを、ハッシュタグのブランドを通じて皆さんにお届けしていきたいと思っています。

――株式投資型クラウドファンディングで資金調達してみようと思ったきっかけを教えてください。

戸田代表　当時、銀行ともお付き合いがありましたが、さらに事業を拡大するために新たな資金調達を考えました。その際に株式投資型クラウドファンディングのユーザーが私たちハッシュタグのユーザーに近い属性があるということを知り、資金を調達しながら、さらに熱量の高いファンを獲得できるのではないかと考えました。

そんな時にイークラウドの担当者と出会い、私とほぼ同年代ということもあり、シナジー効果があるのではと思い利用させていただくことにしました。
幸い大勢の方に投資していただくことができましたが、多くの株主に見られているというのは良い意味で緊張感にもつながりますし、人的ネットワークを活かしてより良い製品づくり、ファンづくりにつながっていけばと考えています。

――最後に今後の展望についてお聞かせいただけますか?

戸田代表　世界展開を実現させたいです。目標は世界のトレンドの中心であるニューヨークや、中国の上海や北京に支店を出すことです。
海外での売り上げを伸ばすことで将来的には株式公開や、M＆Aによる買収と言ったイグジットを実現したいと考えています。

どんな企業に投資できるのか③　カタログギフトの「地元カンパニー」

次にご紹介するのは長野から上場を目指す地域産品ギフトを手掛ける「地元カンパニー」。

全国の地域産品をパッケージ化し、作り手の物語と共に送るカタログギフトを提供しています。クラウドファンディング実施の翌年に売上高が3倍の1・8億円と大きく成長。2023年には地元・長野の信州SSファンドから追加の資金調達を行いました。地域経済の活性化や災害復興支援など、社会貢献の意思を示したい大手企業などの利用が増加し、法人注文が9割を占めています。

代表は東京大学を卒業してIT大手に勤務したあと脱サラし「地元を元気にする」ために上田市で起業したユニークな経歴の持ち主。10兆円規模と言われる国内ギフト市場の約3割を占める法人市場でシェアを拡大しています。

★募集概要

会社名	株式会社地元カンパニー
事業概要	全国の地域産品のカタログギフト販売
申込額	4,990 万円（目標募集額：3,000 万円）
申込者数	311 名

★募集時のポイント（募集当時）

1. 2.8 兆円の法人ギフト市場で、全国 47 都道府県の地元商品をパッケージ化
2. 2020 年度には年商 1 億円突破見込み。2025 年度に年商 48 億円を狙う
3. 売上の 8 割が法人。法人売上は 3 年で 5 倍以上、東証プライム上場の顧客も多数

図表 29 ｜ 地域産品をカタログギフトにして送れる「地元のギフト」を展開

――地元カンパニーの事業内容について教えていただけますか？

児玉代表　結婚式の引き出物や、出産祝いや香典返し、企業の周年記念や株主優待品などで贈られるカタログギフトの会社です。当社のカタログギフトは同業他社のように、なんでも載せているというわけではありません。たとえば、長野県出身の新郎と、鹿児島県出身の新婦による披露宴が都内で開かれたとします。参列者には引き出物として、私たち地元カンパニー作製のカタログが渡されますが、ギフトのラインナップは２人の地元である長野と鹿児島の名産品です。ありきたりの既製品ではなく、新郎新婦にゆかりのある土地のものですから、贈られる側にも気持ちが届くし、カタログを見ながら「何にしようか」と選びながら新郎新婦が生まれ育った土地に思いを馳せることもできるのではないでしょうか。

ギフト内の商品は地域別に用意しており、スタッフが現地に直接足を運んで、地域の選

りすぐりの逸品を揃えたという自信があります。

——地元カンパニーは長野県の上田市に本社を置かれていますが、児玉さんは最初から地元で起業しようと考えられていたのですか？

児玉代表　上田市は私の地元ですし、実家はアスパラ農家でしたが、大学を卒業して最初に就職したのは電通国際情報サービスという会社で、当時は地元に帰って起業することは考えていませんでした。会社ではキヤノンやエプソン、ソニーなどの大企業を相手にＩＴサービスを提案する仕事をしており、「起きてからずっと仕事をしている」というくらい長時間働いていました。その甲斐あって自分なりに納得いく仕事ができていたし、成績もあげていたのですが、こうした生活を４年続けた頃、「俺はこのままでいいのか。自分がいなくても会社は回るんじゃないか」と考えるようになりました。

——会社を辞めて、すぐに起業されたわけですか？

児玉代表　いえ、もやもやした気持ちを抱えながら、１年くらい定職につかず生活していました。その後、実家が農家である仲間をウェブで募って、東京の自由が丘で野菜を売るようになりました。また、今の農業がどうなっているのかを知りたくて、農家に手伝いに行ったり、農業ベンチャーの会社で働いたりもしました。

会社を辞めてからの5〜6年はそんな感じで過ごしており、それほど儲かるというわけではありませんでしたが、楽しくはやっていました。

しかし、妻から「いつまでこんな生活を続けるのか」と発破をかけられたこともあり、「そろそろ何かをしなければ」と思っていた2012年頃に、たまたま出席した結婚式で貰ったカタログギフトに疑問を抱きました。カタログのページをめくっても、特に欲しいものがなく、「ロマンがないなあ」と感じました。それがきっかけとなり、地元の名産品を集めたカタログギフトをつくったら贈る人にも贈られた人にも喜ばれるのではないかという

アイデアが浮かびました。

――なるほど、現状への不満がアイデアにつながったわけですね。

児玉代表　それで32歳の時に地元カンパニーを渋谷で立ち上げて、2016年に「地元で仕事をやりたい」と出身地である長野県上田市の武石に移転しました。新幹線の上田駅から車で1時間ほど、オフィスからコンビニまで歩くと1時間はかかるという「山奥」です。

――東京を離れることへの不安はありませんでしたか?

児玉代表　会社を立ち上げた1年目の売上は数百万円でしたが、ビジネスモデルとしては自信がありましたし、すぐに結果は出なくても、事業としての将来性はあるし、単に時代が追い付いていないだけだと考えていました。上田に移ったのは、インターネット経由でできるビジネスですし、地元で雇用を生みたいという思いもあったからです。

幸い地元の金融機関から融資を受けることもできましたし、コロナ禍で結婚式の需要は減りましたが、当社は法人需要が多かったお陰でそれほど大きな影響を受けずにすみました。売上も伸びていますし、金融機関からの借り入れも無理なく返済できているので、事業は順調かなと思っています。

――株式投資型クラウドファンディングをやってみようとお考えになったきっかけは何だったのですか？

児玉代表　ある時、Ｘ（旧ツイッター）を見ていてイークラウドの波多江さんの投稿に目が行って、「いいね」をしたところ、数日後に連絡が来て、その時に株式投資型クラウドファンディングのことを知り、「こんな仕組みもあるのか」と興味を持ちました。

そこで、思い切って挑戦してみることにしたのですが、事業計画をはじめ過去にさかの

ぼっての厳しいチェックがありました。なかなか大変でしたが、こうしたやり取りを通して会社も浄化されたようで良い経験になりました。

――いざ、やってみていかがでしたか？

児玉代表　朝の8時からどうなることかと見守っていたのですが、次々と応募する人がいて、お金の勢いというか、真水が勢いよく流れ込んでくるような感覚がありました。

お陰で目標としていた資金を手にすることができたわけですが、資金調達という側面だけ見れば金融機関から借りるほうが気が楽だなとも思っています。金融機関から借りたお金は返せばいいだけですが、株式投資型クラウドファンディングで手にしたお金には「重い責任」があります。投資家の人たちは地元カンパニーという企業と、児玉という人間を信じて投資してくれたわけですから、私は経営者としてその思いに応えなければならないし、「児玉に投資してよかった」ということを証明する責任があります。

その意味では株式投資型クラウドファンディングで投資してもらったことは、私自身、もっと頑張ろうというエンジンになりますし、株主のためにも「絶対に上場してやる」という決意にもつながりました。

私は昔から「自分一人でやって儲けること」には何の面白みも感じないんです。仲間や社員、いろんな取引先と一緒に成長していきたいと考えていましたが、さらに大勢の投資家の方の思いも背負って成長していきたいものです。

これを機にもっともっと地元カンパニーを愛してください。その思いが力になります。

アイデアはしばしば「今あるものへの不満」から生まれます。

その不満を「自分ならどうするか」と考えることがアイデアにつながり、そのアイデアを広めようと起業する人は少なくありませんが、地元カンパニーもそのような児玉代表の思いから生まれた企業の１つです。

そしてそれを可能にしたのが児玉代表のＩＴ企業での経験と、各地の農家出身の若者たちとのネットワークでした。「地方を元気にしたい」というのは多くの人が願うことですが、それを形にして、かつ企業として成功へ導くことのできる人はそれほど多くはありません。だからこそ、私たちイークラウドはそんな児玉代表と出会えたこと、地元カンパニーを支援できることはとても意義あることだと考えました。

スティーブ・ジョブズによると、起業家にとってもっとも大切なものは自分のアイデアを広めたいとか、課題を解決したいという情熱だといいます。情熱があるからこそ起業家はさまざまな問題が起きてもクリアすることができます。株式投資型クラウドファンディングにはそんな情熱溢れる起業家がたくさんいるのです。

どんな企業に投資できるのか④　独自のタンパク質合成技術で世界に挑戦する「ヌープロテイン」

最後にご紹介するのは、タンパク質の大量合成技術の社会実装に挑む「ヌープロテイン（ＮＵＰｒｏｔｅｉｎ）」です。ヌープロテインは、人工タンパク質を食と医療の両分野に向けて、安く、早く、安全に大量生産する独自技術を持つバイオベンチャーです。

タンパク質は生命活動の根幹をなす、非常に重要な物質である一方、化学的・工業的に合成できるものではありません。ＮＵＰｒｏｔｅｉｎはバイオテクノロジーによってタンパク質をより安く、手軽に合成できる技術を通じ、培養肉、創薬、バイオマス・エネルギーなど、幅広い産業の発展への寄与を目指します。

――事業について教えてください。

★募集概要

会社名	NUProtein 株式会社
事業概要	無細胞タンパク質合成試薬キットの製造・販売
申込額	1 回目：5,738 万円（目標募集額：2,964 万円） 2 回目：4,168.5 万円（目標募集額：1,260 万円）
申込者数	1 回目：343 名 2 回目：250 名

★募集時のポイント（募集当時）

1. 2040 年には 70 兆円規模に成長が見込まれる培養肉の産業化を支えるプラットフォームを目指す
2. パナソニックで 100 を超える知財開発と CVC に従事してきた起業家が名古屋大学発の技術を世界に展開
3. 複数の上場企業と共同研究を開始、海外の培養肉等メーカー複数社と本格導入に向けて商談中

図表 30 ｜ タンパク質合成でボトルネックになっていた「成長因子」を安く・早く・安全に提供

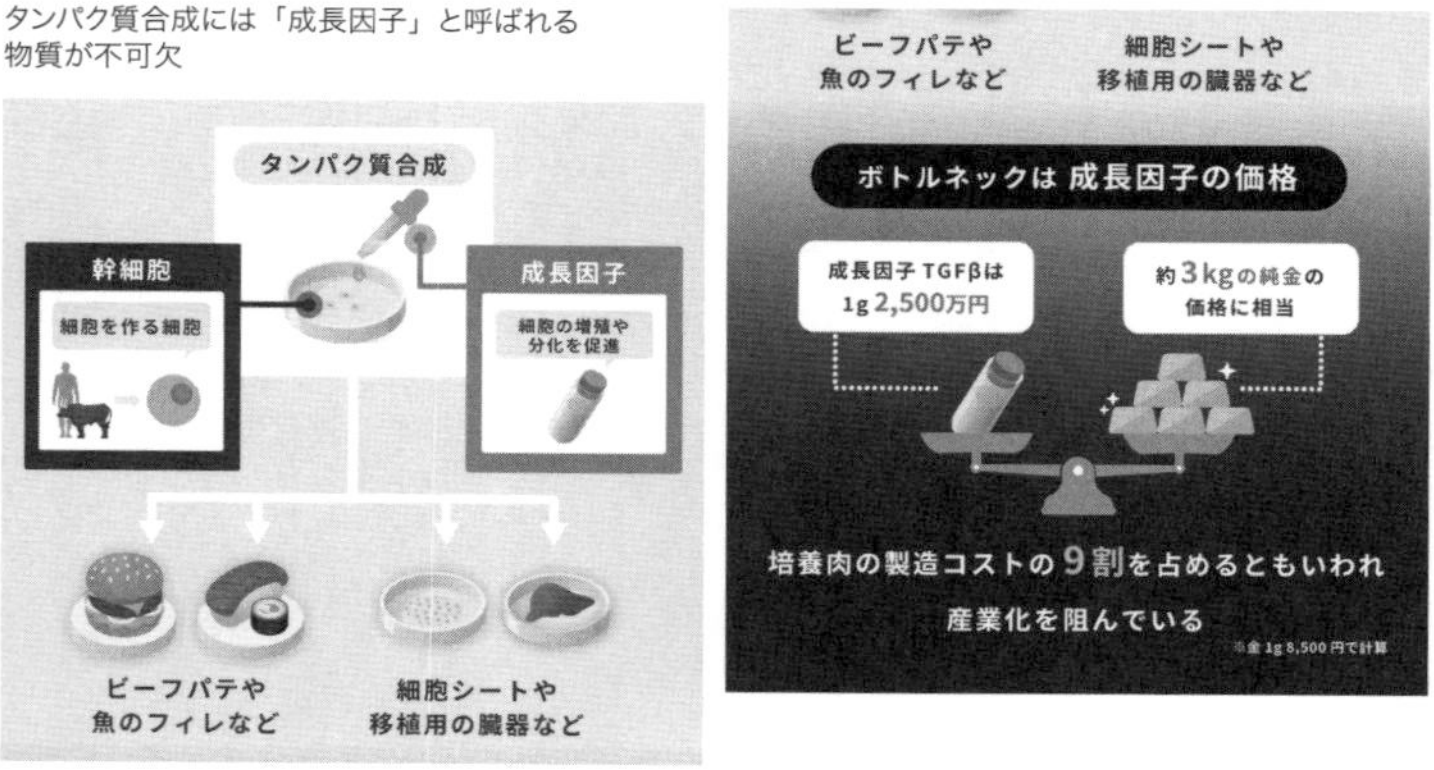

タンパク質合成には「成長因子」と呼ばれる
物質が不可欠

南代表　弊社は、人工タンパク質合成の過程でボトルネックになっていた「成長因子」という物質の製造コストを下げ、量産化を容易にする独自技術をもつベンチャーです。

成長因子は細胞増殖因子とも呼ばれ、培養肉の原料となる細胞培養や、再生医療において不可欠な物質です。特に培養肉の生産においてはコストの大部分を占めているため、成長因子を低コストで生産する技術は、培養肉の社会実装において必須となります。

従来、成長因子を大量につくるには、動物の細胞に遺伝子を打ち込んで生成するという方法が主流でした。しかし管理が大変で、10日以上もかかるうえに、１グラムあたり数千万円の材料費が必要になります。

一方、当社のやり方は小麦胚芽に含まれる細胞小器官を使い、１日でタンパク質を合成するというものです。非常にシンプルで製造にかかるコストも小さく、費用面でもメリットの大きなやり方です。

――南さんのご経歴を教えてください。

南代表　私は元々、松下電器産業（現パナソニック）にエンジニアとして入社し、コンピュータの開発部門に配属されました。当時はまさに、コンピュータの黎明期とも言える時期です。アメリカのシリコンバレーにも駐在し、連続起業家のトーマス・シーベルと一緒にワークステーション用のソフトの共同開発を行いました。彼は事業を売却してその売却益をもとにソフトウェア会社をつくり、最終的に約60億ドルでオラクルに売却したのですが、彼の「技術者から出発した連続起業家」としてのあり方が、現在の私のロールモデルとなっているのではないかと思います。

2回目の米国駐在ではパナソニックのCVCとして、パナソニックの事業とのシナジー効果の高い事業を持つベンチャー企業を中心に投資活動を行いました。

――シリコンバレーでスタートアップの立ち上げとバイアウトを経験し、ベンチャー企業への投資も経験されたわけですが、そんな南さんが今はベンチャー企業の経営者として投資を受ける側になられたわけですね。

南代表　**最初は、私自身が経営者になるとは考えてもいませんでした。２０１３年にパナソニックを退社した後は、名古屋大学に呼ばれて研究を進めることになりました。産学連携の部署で研究のための資金を獲得したり、特許を取るサポートなどを行っていましたが、多くの研究者を支援する中でヌープロテインの技術を知りました。このまま世の中に出さないのはもったいない技術だと思い、自分が代表を務めることになりました。**

――思いがけない起業ということですが、いざスタートアップの経営者になっていかがでしたか？

南代表　**目利きはできるつもりでしたし、自分が投資する側にいただけに、すぐにお金は**

集まるだろうと考えていたのですが、いざ始めてみるとこんなに苦労するとは思いませんでした。バイオ系は成果が出るのには時間がかかるのに、資金を使うスピードがとても速いので、とにかくいかにして資金を調達するかが問題でした。社員には給与を払っても、私ともう一人の役員は受け取らないなど、やせ我慢をしながらやっていましたが、そのうちに事業の将来性が評価されて補助金が出たり、資金を出してくれるところも出始めて、何とか回り始めるようになりました。

――なぜ株式投資型クラウドファンディングを利用しようとお考えになったのですか？

南代表　事業を進めつつ資金調達に励んでいた頃、イークラウドの方からお誘いを受けました。株式投資型クラウドファンディングのことは多少知っていましたが、当初は株主が増えてM＆Aなどの際に大変な手間がかかるし、管理コストも高くつくといったネガティブなイメージを持っていました。そのあたりについて質問したところ、私の不安を払拭するようなしっかりとしたスキームができているうえ、社長の波多江さんの生き方や考え方も信頼できるということで「やってみよう」と考えるようになりました。銀行からの融資も考えましたが、どうしても早い成果を期待されるため、開発に時間のかかるスタートアップにとってありがたいスキームだとも感じています。

――実際に株式投資型クラウドファンディングをやってみて、どのような感想をお持ちですか？

南代表　始める前は「本当に集まるんだろうか？」といった不安もありましたが、結果的にはのべ５００人以上の方が投資をしてくださいました。おかげで資金繰りを気にする必要がなくなりましたし、そればかりか事業の認知度が上がったこともあってか、外国の大手企業から当社の技術への引き合いもありましたし、賞を受けることもできました。いずれもそれまでと比べて驚くような動きで、多くの方から応援を受けたことで風向きが変わったのではないかと喜んでいます。

経営者は孤独だと言われますが、たくさんの人が応援してくれているというのは本当に心強いものです。

——これからの抱負について教えてください。

南代表　私がかつて在籍していたパナソニックの創業者・松下幸之助が提唱していたのが、商品を水道の水のように一般の人にとって安価で身近なものにしていく「水道哲学」です。私も今の技術の開発をさらに進めることで「タンパク質を水道の水のようにたくさんの人がより便利により安く利用できるもの」にしていきたいと思っています。その点でもクラウドファンディングを通じて応援者を得たことはとても心強く、こうした人たちの声にも耳を傾けながら事業に取り組んでいきたいと考えています。

ヌープロテインの魅力は、その圧倒的な技術力にあります。

これまで多くの時間とコストがかかっていたタンパク質の合成を、ごく短期間で、しかも圧倒的に安いコストで提供することができれば、それだけで「世界は変わる」ことになるでしょう。しかし、こうした優れた技術も大量に必要になる資金を用意できなければ、開発は進みません。

あるいは、せっかく日本で生まれた技術が資金面の問題から海外に流出するようなことがあれば、それこそ日本にとっての損失になります。こうした「社会にとって本当に必要な、そして絶対に成功してほしい企業」と投資家の方をつなげるのが株式投資型クラウドファンディングの役目でもあるのです。

第5章

エンジェル投資を はじめよう

【STEP1】株式投資型クラウドファンディング事業者への登録

ここまで、エンジェル投資や株式投資型クラウドファンディングについていろいろ学んできましたが、この章では実践編ということで、実際に手を動かしながら進めていきたいと思います。

株式投資型クラウドファンディングでの投資を行うにあたっては、事前に非上場のスタートアップ・ベンチャー企業の募集の取扱いを行う事業者への登録が必要になります。

今回は、イークラウドのサービスをベースにして登録方法や投資の方法を解説していきます。可能な方は実際にイークラウドのウェブサイト（https://ecrowd.co.jp）にアクセスしながらご覧になってください。詳しくは後段で解説しますが、スマートフォンからアクセスして登録を進めていただくのがオススメです。

図表 31 ｜ 株式投資型クラウドファンディングでエンジェル投資を行うにはプラットフォームへの登録が必要

イークラウドの
ウェブサイトは
こちら

図表 32 ｜ 利用可能な身分証明証（イークラウドの場合）

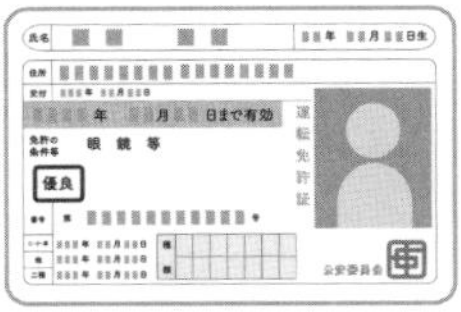

運転免許証

パスポート※

※2020年2月3日以前に
発行した日本国発行の
ものに限る

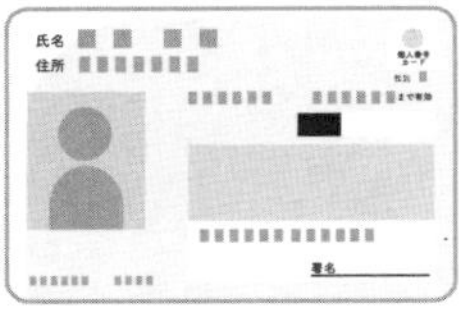

マイナンバーカード（個人番号カード）

1　事前準備

登録手続きを行うにあたっては、身分証明証などいくつか事前に手元に準備しておくとスムーズです。

①身分証明証

身分証明証は登録時の住所入力や、オンラインでの本人確認で利用します。前ページの図中の身分証明証を手元に準備しておきましょう。

②スマートフォン

イークラウドでは書類の手続きなく、オンラインで登録を完結することができますが、本人確認にはカメラ付きのスマートフォンを利用します。あらかじめスマートフォンでサイトにアクセスして手続きを進めるのがオススメです。

図表 33 │ アカウントの作成

❶ トップページから新規登録画面にアクセス

❷ メールアドレス・パスワードの入力

❸ 受信したメールからメールアドレスを認証

③ご自身の銀行口座情報が分かるもの

お客様情報の入力の途中でご自身の銀行口座情報の入力が求められます。お手元にご自身の銀行口座の支店名や口座番号が確認できるものを用意しておいてください。

2　アカウントの作成

準備が整ったところで早速登録手続きを進めてみましょう！　まずはイークラウドで利用するメールアドレス・パスワードの登録作業から行います。

イークラウドのトップページにあるボタン

をクリックし、新規登録画面にアクセスします。イークラウドでご利用されるメールアドレスとパスワードを入力のうえ、登録してください。

登録したメールアドレス宛にメールアドレス確認のメールが送信されるので、メール内のボタンをクリックして、メールアドレスの認証を完了させてください。

※2023年12月時点の画面を元に解説しており、最新の情報と若干異なる場合があります。最新の登録方法はホームページでご確認ください。

3　お客様情報の入力

メールアドレスの登録が完了したら、お客様情報の入力へ進みます。

1ページ目では「収入・資産状況」や「投資経験」など資産や投資に関する事項を入力していきます。2ページ目では「氏名」や「住所」などの基本情報をご入力いただきま

図表 34 ｜ お客様情報の入力

す。住所を入力する際は身分証明証に記載されている住所と一致しているかをご確認ください。

最後に入力内容を確認したら、お客様情報の入力完了です。

4　オンラインでの本人確認

最後にスマートフォンを使った本人確認を行います。

画面上の案内に従い、身分証明証の撮影と顔の撮影を進めていきます。

図表35 ｜ オンラインでの本人確認

❼ 本人確認に進む

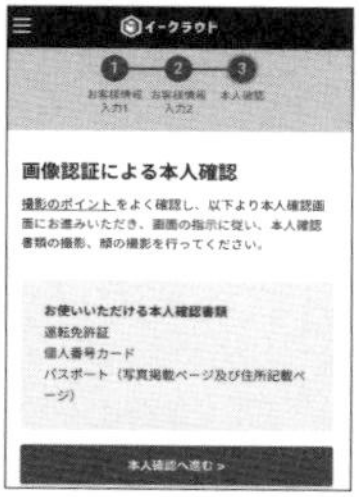

❽ 身分証の撮影

❾ 顔の撮影

事業者にてお客様からの申請情報を基に本人確認を行ったのち、お客様のメールアドレス宛に登録完了のメールが送信されます。

事業者の本人確認には数日かかる場合もありますので、案件にお申込みの際は余裕をもって登録作業を行うようにしてください。

以上で登録手続きは完了です。それでは次に案件ページの読み方についても解説していきます。

【ＳＴＥＰ２】募集ページを見てみる

株式投資型クラウドファンディングの事業者は、各社のサービスサイトにて個々のスタートアップの資金を募るための募集ページを設けています。

募集ページでは、動画・画像・文書で発行者の事業内容や経営者の情報が分かりやすく解説されています。募集ページ内ではさまざまなコンテンツがご覧いただけますが、今回はいくつかのポイントに絞って解説していきたいと思います。

既に株式投資などを行っている方は、投資判断が難しそうと思う方もいらっしゃるかもしれませんが、実際にイークラウドのユーザーの方にインタビューをしてみると、募集ページを見ながら頭の中で色々な想像をして、投資するかどうかを考え抜くのが楽しいとおっしゃってくださる方が多いです。

スタートアップの「新しい世界」を楽しみながら募集ページをぜひ覗いてみてください。

まずは3つの基本情報を抑えよう

1 取り組む事業の情報

「なぜやるのか」

募集ページの冒頭では、なぜそのスタートアップのサービスや商品が世の中から求められるのか、社会的背景や業界の課題などから事業を突き動かす動機に迫ります。

中長期の投資が前提となるエンジェル投資においては、事業を応援できるかどうかが重要な判断要素です。事業の社会的意義などを重視する投資家の方は、「その課題は本当に

図表36　「なぜやるのか」：スタートアップの事業やサービスが何の課題を解決するか

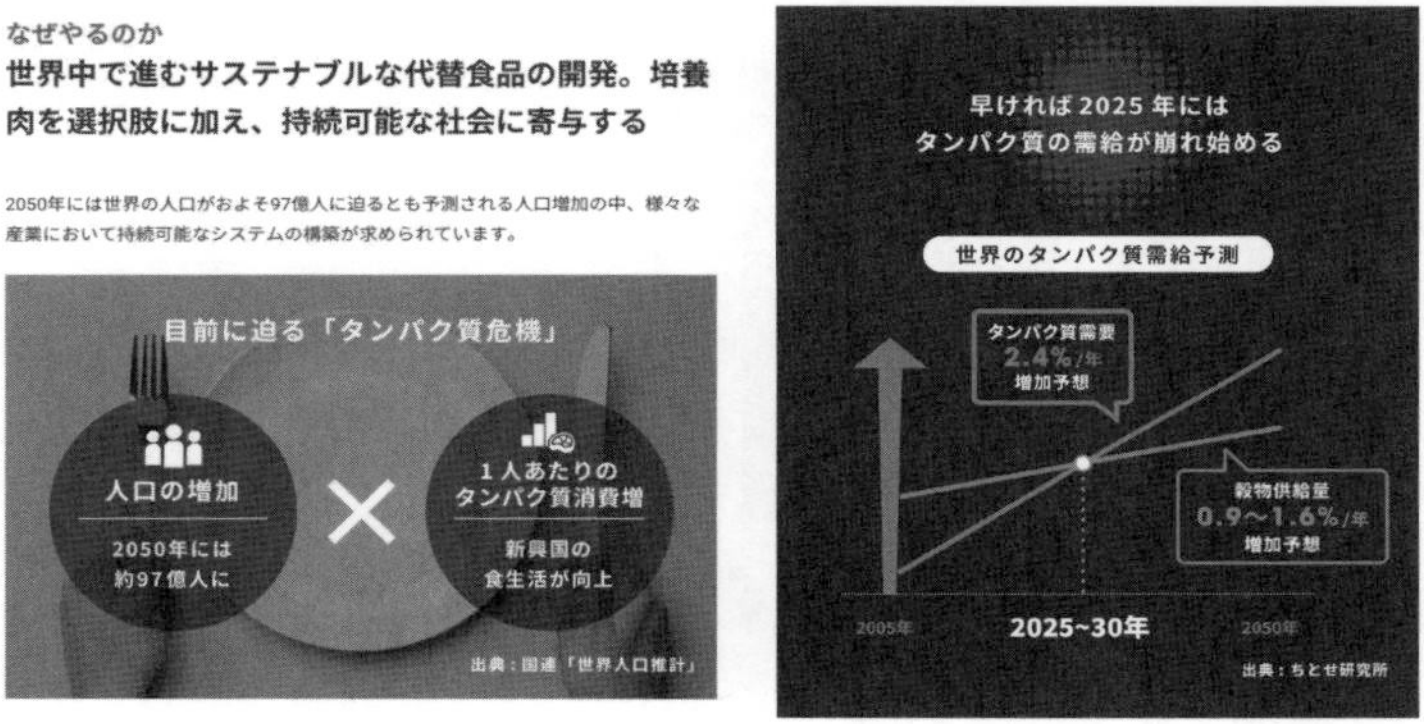
なぜやるのか
世界中で進むサステナブルな代替食品の開発。培養肉を選択肢に加え、持続可能な社会に寄与する
2050年には世界の人口がおよそ97億人に迫るとも予測される人口増加の中、様々な産業において持続可能なシステムの構築が求められています。
目前に迫る「タンパク質危機」
人口の増加
2050年には約97億人に
1人あたりのタンパク質消費増
新興国の食生活が向上
出典：国連「世界人口推計」
早ければ2025年にはタンパク質の需給が崩れ始める
世界のタンパク質需給予測
タンパク質需要 2.4%/年 増加予想
穀物供給量 0.9〜1.6%/年 増加予想
2005年
2025~30年
2050年
出典：ちとせ研究所

例: イークラウド11号案件
「再生医療研究者と8年連続ミシュラン店料理長がブランド培養肉に挑戦する『ダイバースファーム』」

存在するのか?」「それに取り組むことに意義はあるのか?」などご自身の考え方と照らし合わせながらご覧ください。

「何をするか」

『プロダクト・ソリューション』の項目では、実際にそのスタートアップがどのような商品・サービスを提供するのかについて解説しています。

ここではプロダクトの概要を理解するとともに、「実現可能なプロダクトなのか」「独自性や競合優位性はありそうか」「課題に対して効果がありそうか」などについても考えて

図表 37 ｜「何をするか」：プロダクトやサービスの概要や競合優位性

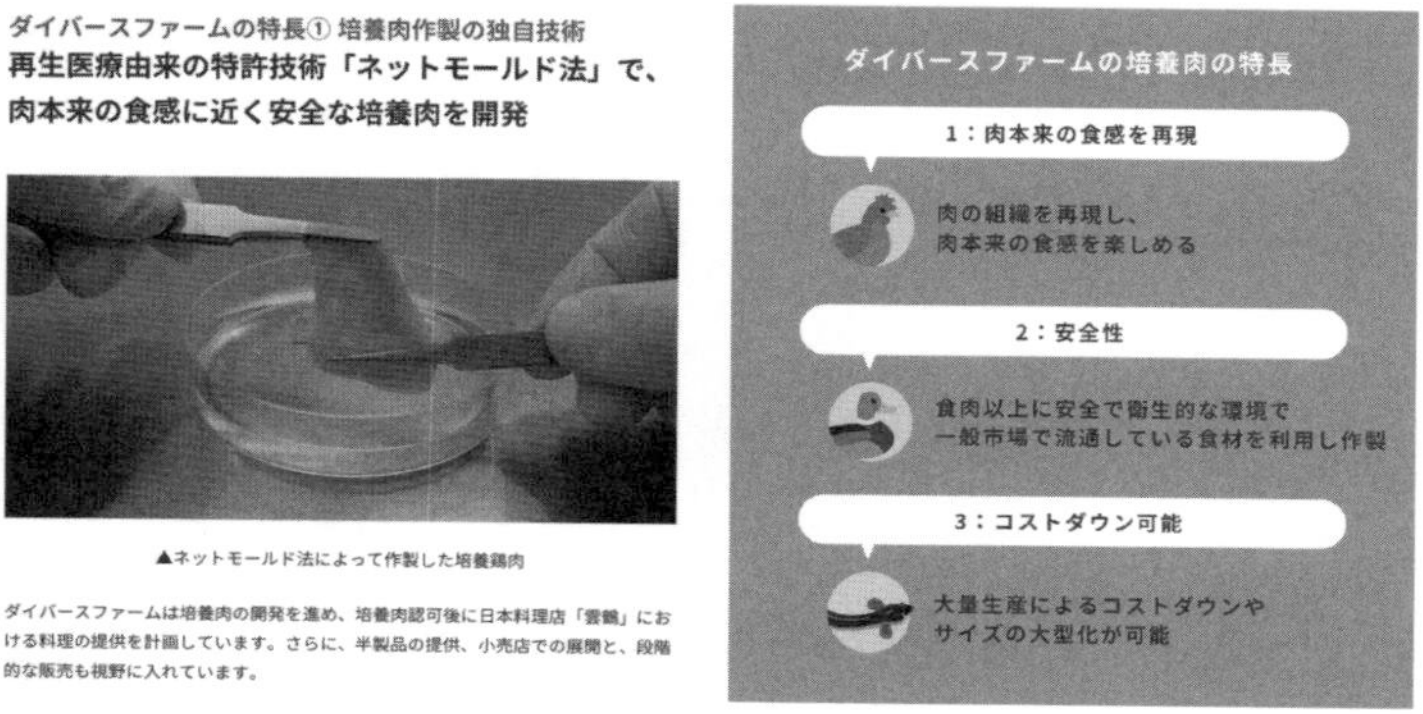
ダイバースファームの特長① 培養肉作製の独自技術
再生医療由来の特許技術「ネットモールド法」で、
肉本来の食感に近く安全な培養肉を開発
▲ネットモールド法によって作製した培養鶏肉
ダイバースファームは培養肉の開発を進め、培養肉認可後に日本料理店「雲鶴」における料理の提供を計画しています。さらに、半製品の提供、小売店での展開と、段階的な販売も視野に入れています。
ダイバースファームの培養肉の特長
1：肉本来の食感を再現
肉の組織を再現し、
肉本来の食感を楽しめる
2：安全性
食肉以上に安全で衛生的な環境で
一般市場で流通している食材を利用し作製
3：コストダウン可能
大量生産によるコストダウンや
サイズの大型化が可能

例: イークラウド11号案件
「再生医療研究者と8年連続ミシュラン店料理長がブランド培養肉に挑戦する『ダイバースファーム』」

みると良いでしょう。既にリリース済みのプロダクトであれば、どのような顧客にどのような使われ方をしているかにも注目していきましょう。

「どうやってやるか」

『事業戦略・マイルストーン』の項目では、経営者がそのサービスや技術をどのような形にしようと考えているのか、またその事業をどのような計画で進めていこうと考えているのかが記載されています。

事業領域に理解のある投資家の方は、売上の計画や年度ごとのマイルストーンなどを確

図表38　「どうやってやるか」：事業計画やマイルストーン、出口戦略

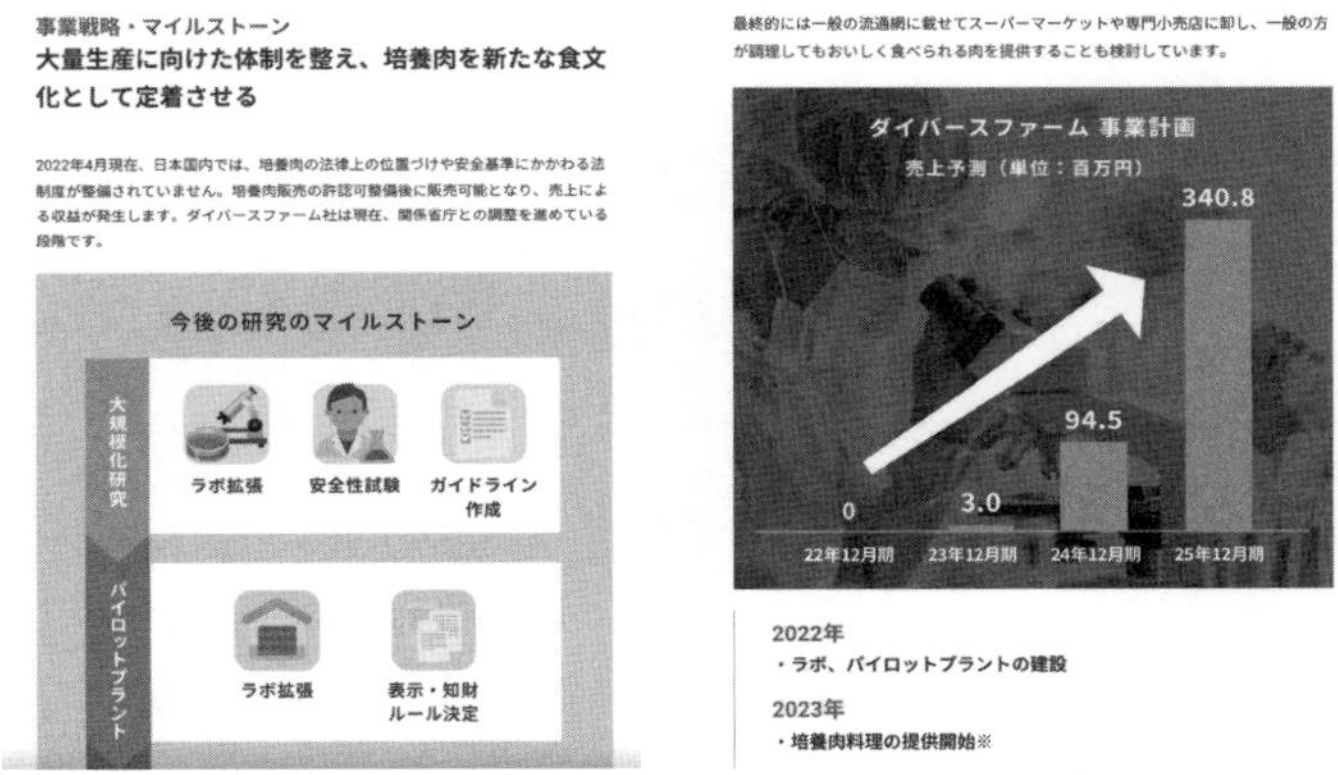
事業戦略・マイルストーン
大量生産に向けた体制を整え、培養肉を新たな食文化として定着させる
2022年4月現在、日本国内では、培養肉の法律上の位置づけや安全基準にかかわる法制度が整備されていません。培養肉販売の許認可整備後に販売可能となり、売上による収益が発生します。ダイバースファーム社は現在、関係省庁との調整を進めている段階です。
今後の研究のマイルストーン
大規模化研究
ラボ拡張
安全性試験
ガイドライン作成
パイロットプラント
ラボ拡張
表示・知財ルール決定
最終的には一般の流通網に載せてスーパーマーケットや専門小売店に卸し、一般の方が調理してもおいしく食べられる肉を提供することも検討しています。
ダイバースファーム 事業計画
売上予測（単位：百万円）
0
3.0
94.5
340.8
22年12月期
23年12月期
24年12月期
25年12月期
2022年
・ラボ、パイロットプラントの建設
2023年
・培養肉料理の提供開始※

例: イークラウド11号案件
「再生医療研究者と8年連続ミシュラン店料理長がブランド培養肉に挑戦する『ダイバースファーム』」

認し、その戦略は「実現可能性があるものか？」「進捗速度や目線の高さは適切か？」など、ご自身の判断に見合ったものであるかを確認してください。

また、マイルストーンではエンジェル投資にとって非常に重要になる「出口戦略（どのように投資家にリターンを返そうと考えているか）」についても記載されています。ＩＰＯを志向しているのかＭ＆Ａを志向しているのかについても押さえておきましょう。

図表39 ｜「どこでやるか」：事業の周辺環境や市場

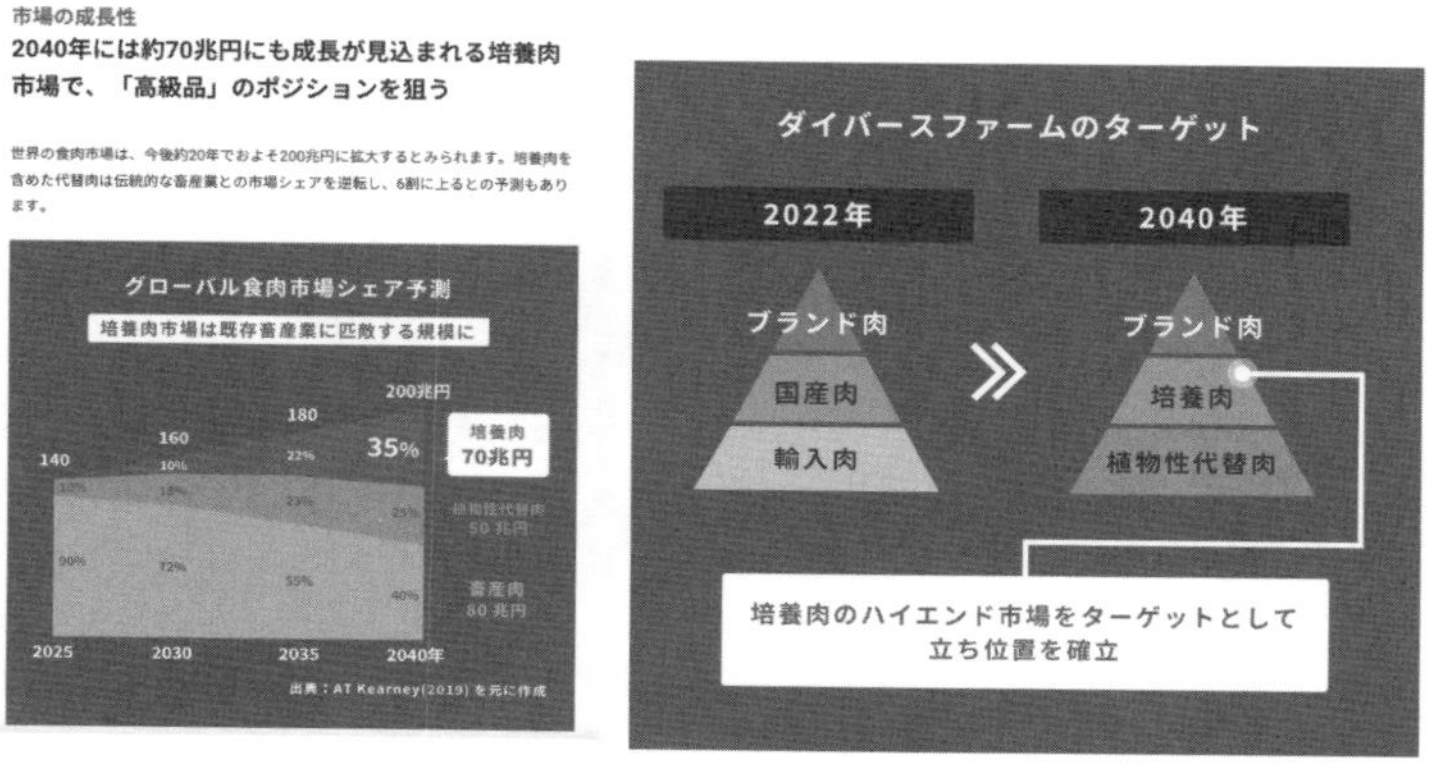
市場の成長性
2040年には約70兆円にも成長が見込まれる培養肉市場で、「高級品」のポジションを狙う
世界の食肉市場は、今後約20年でおよそ200兆円に拡大するとみられます。培養肉を含めた代替肉は伝統的な畜産業との市場シェアを逆転し、6割に上るとの予測もあります。
グローバル食肉市場シェア予測
培養肉市場は既存畜産業に匹敵する規模に
200兆円
180
160
140
35%
培養肉
70兆円
22%
10%
10%
18%
23%
25%
90%
72%
55%
40%
畜産肉
80兆円
2025
2030
2035
2040年
出典：AT Kearney(2019) を元に作成
ダイバースファームのターゲット
2022年
2040年
ブランド肉
国産肉
輸入肉
ブランド肉
培養肉
植物性代替肉
培養肉のハイエンド市場をターゲットとして
立ち位置を確立

例: イークラウド11号案件
「再生医療研究者と8年連続ミシュラン店料理長がブランド培養肉に挑戦する『ダイバースファーム』」

2　市況・マーケットの情報

「どこでやるか」

『市場の成長性』の項目では、そのサービスや商品を取り巻く市場の環境は現在どのようになっているのか。今後成長が見込まれる市場なのかなど、俯瞰的に事業を見つめていきます。

いくらプロダクトが良かったとしても、実際に展開できる市場が小さければ大きな売上は立ちませんし、市場が伸びていなければ市場の奪い合いに陥る可能性が高くなります。今一度成長可能性がある領域かどうかを確認し、そうでない場合はプロダクトの勝ち筋と

図表 40 ｜「誰がするか」：経営者のプロフィールや創業ストーリー

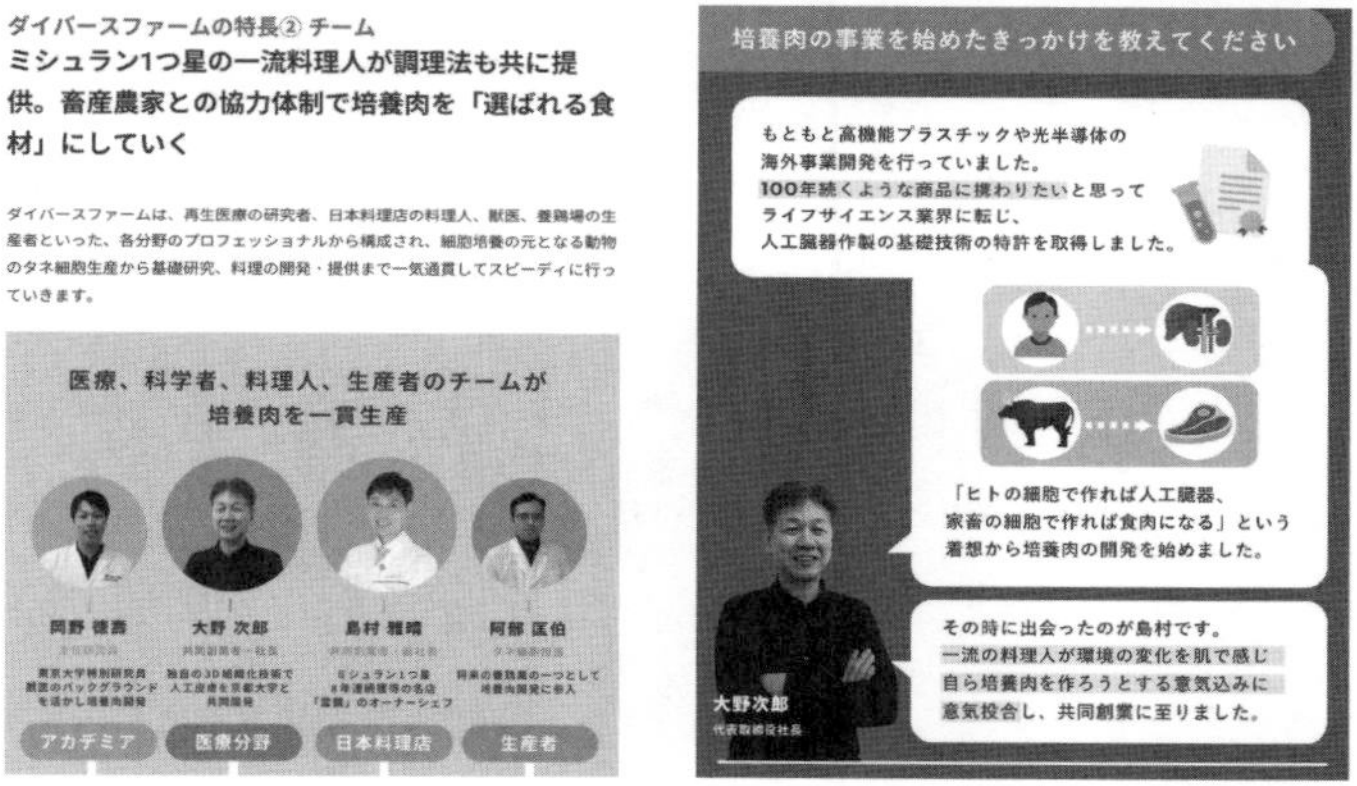

例: イークラウド11号案件
「再生医療研究者と8年連続ミシュラン店料理長がブランド培養肉に挑戦する『ダイバースファーム』」

出口戦略が明確になっているかを改めて確認してみてください。

隣接する領域や市場で事業を展開する上場企業がある場合は、そういった企業の決算説明資料なども市場を把握するうえで参考になる場合があります。

3　経営者・チームの情報

「誰がするか」

特に創業間もない企業では、あらゆる面で経営者自身が会社に及ぼす影響が大きいため、エンジェル投資において、経営メンバーを理解することは非常に重要なプロセスになります。

創業初期のスタートアップを中心に投資をするプロの投資家も「優秀な経営者と伸びる市場さえあれば、創業初期の多少の失敗は乗り越えられる」「経営者と市場を後から変えることは難しい」という考えの下、特に経営者を重視しながら投資活動を行っています。

募集ページでは代表へのインタビュー動画の他、経営者のプロフィールや事業に至ったストーリー、第三者からの応援コメントなどを確認することができます。「信頼できそうな経営者か」「応援したい経営者か」「この事業を推進するのに適切なチームか」など、経営者をよく見たうえで投資判断に活かしてください。

エンジェル税制・株主優待の情報もチェック

案件を確認する際はエンジェル税制（第３章参照）の対象案件であるかどうか、株主優待を実施しているかどうかについても確認してみましょう。

エンジェル税制対象の場合や、株主優待を実施している場合は、募集ページに記載があります。エンジェル税制の優遇措置はＡ・Ｂのどちらなのか、株主優待はどのような条件で優待が受けられるのかを確認して、投資判断に役立てましょう。

募集情報やリスク情報で更に知る

エンジェル投資に限らず投資は常にリスクと隣り合わせであり、投資リスクをゼロにすることは基本的にはできませんが、一定の範囲で事前に想定されるリスクについて把握することは可能です。

募集ページのコンテンツを見て気になった箇所がある場合、募集情報やリスク情報などを見ることで更に深掘りできる場合があります。

事業者情報

事業者情報の欄には、募集を行うスタートアップの情報が掲載されています。ここでは会社所在地や設立時期などの基本的な情報はもちろん、理論上の市場価値を表す調達前評価額や、既存株主の情報などを確認することができます。

【確認できる情報】

商号／所在地／代表者／資本金／調達前評価額／設立年月日／決算期／主な

株主・新株予約権者 など

募集情報

募集情報の欄には、株式投資型クラウドファンディングでそのスタートアップがどのような条件で募集を行うのかについて記載されています。また、調達を行う企業が、株式投資型クラウドファンディングで調達予定の資金を、どのような用途で活用する予定なのかについても確認することができます。

募集ページの事業戦略・マイルストーンと照らし合わせることで理解が深まります。

【確認できる情報】
募集株式の数・金額／申込期間／目標募集額・上限募集額／資金使途 など

企業のリスク

企業のリスクの欄は、スタートアップから提供を受けた資料の確認やヒアリングなどによって得た情報を基にして作成されており、事業や業績に影響を及ぼす可能性がある事項が記載されています。

市場環境や事業内容に関するリスク、財務や事業運営体制に関するリスクなど、内容は多岐にわたりますが、将来において発生する可能性のあるすべてのリスクを網羅するものではありません。

すでに企業のリスクとして気になるポイントがある場合は、このページと照らし合わせながら投資判断に役立てると良いでしょう。

【確認できる情報】

市場環境に関するリスク／事業内容に関するリスク／財務に関するリスク／事業運営体制に関するリスク など

審査内容

審査内容の欄では審査プロセスの透明性の担保のため、どのような手法でどのような内容の確認を行ったかが記載されています。

【確認できる情報】

発行者及びその行う事業の実在性の確認／発行者の財務状況について／発行者の事業計画の妥当性／発行者の法令遵守状況を含めた社会性 など

契約締結前交付書面

契約締結前交付書面とは、株式投資型クラウドファンディング事業者と投資家との間で有価証券等（株式投資型クラウドファンディングの場合は非上場株式）の取引の契約を締結する前に交付する、その商品や取引のリスクなどについて記載された書面のことです。

契約締結前交付書面のＰＤＦには、ここまでご紹介した募集情報やリスク情報・審査内容はもちろんのこと、別紙には数年分の事業計画が掲載されています。募集ページに記載されている事業計画を詳しく理解したい場合なども含め、必ずよく読んで内容を確認してください。

経営者に直接質問してみよう

イークラウドでは、事前開示期間（案件ページが公開されて、実際に申込み受付が開始するまでの期間。１～２週間程度）中に、経営者に直接質問をすることもできます。

ですから、もし募集ページをご覧になって分からなかったことや理解できなかったことがあった場合は、募集ページ上の専用フォームから質問を投稿してみてください。質問を投稿すると、経営者が質問を確認してその回答は後日募集ページ上に掲載されます。ただし、質問の内容によっては回答されないこともあります。

質問は匿名で公開され、あなたの質問が他の投資家の方の投資判断の役に立つ場合もありますので、ぜひ遠慮せずに質問してみましょう。一期一会のスタートアップとの出会いですので、納得したうえで投資に臨みましょう。

【STEP3】投資を行う

募集ページなどを確認したら、いよいよ実際の投資を行います。

事前開示期間が終了し、募集期間に入ると投資の申込みが可能になります。投資金額コースを選択して、各種書面・注意事項や申込内容を確認のうえ、投資の申込みを行います。

イークラウドの場合は、申込み後に投資資金を振り込みます。振込の手続きも忘れないうちに行いましょう。

無事振込が確認されたら申込みは完了です。その後、クラウドファンディングがスタートアップの目標とする金額（目標募集額）に到達して、成立した場合はスタートアップの株主になることができます。残念ながら、目標募集額に到達せずに募集期間が終了した場

図表41　投資金額コースを選択して申込を行う

合は、クラウドファンディング不成立となり、投資資金が登録口座へ返金されます。

なお、イークラウドの場合は募集期間終了後には8日間の撤回期間が設けられています。撤回期間では、気が変わったり、投資を控えたい理由ができた場合は、申込みを撤回することも可能です。

撤回期間終了後、目標募集額を維持していた場合に、投資家の投資資金がスタートアップへ払い込まれ、株主名簿への登録手続きが行われます。

これであなたも晴れてエンジェル投資家の仲間入りです！

【STEP4】投資後の楽しみ方

それでは最後に、株主になったあとの楽しみ方についてご紹介していきます。

株主として近い距離から投資先の企業を応援できるのはエンジェル投資ならではの貴重な体験です。会社という同じ船に乗ったクルーの一員として、投資先を応援しながら成長を一緒に楽しんでいきましょう。

株主向けニュースで成長を実感

イークラウドでは、投資したあと約1～3ヶ月に1度の頻度で投資先から株主向けのニュースを受け取ることができます。

株主向けのニュースでは、会社における出来事や事業の進捗、それに対する経営者の考えなどを知ることができます。

株主の方々からの日々の応援はスタートアップの力になりますので、良いニュースがあった時には、ぜひ「いいね」ボタンを押して投資先を応援してあげてください。

株主優待を楽しむ

株主優待を実施している案件に投資した場合は、商品やサービスなどをお得に楽しむことができます。

優待の商品やサービスなどを楽しんで、ユーザーとしての声を届けながら応援していきましょう。

株主総会や株主向けイベントに参加する

イークラウドを通じて投資した皆様はスタートアップの株主になっているため、当然株主総会に参加したり、株主として議案に対し、議決権を行使することが可能です。

イークラウドのサービスサイト上で、事業報告や計算書類等の書面を確認することができますし、株主総会の議案に対しての議決権の行使もオンラインで簡単に行うことができます。

企業によってはＺｏｏｍなどのオンラインツールで株主向けの事業報告会などを実施している場合もあります。

直接事業に協力する

イークラウドを通じて株主となった方の中には、ご自身の人脈や経験を活かしてスタートアップの支援を行い、スタートアップ側の事業進捗につながった事例などもあります。

株主向けニュースなどをご覧になって、ご自身が貢献できそうなものがあると感じた場合は、ぜひ経営者のＳＮＳやスタートアップのホームページなどから連絡してみてください。

国内の株式投資型クラウドファンディング事業者

株式投資型クラウドファンディング事業者は、単に起業家と投資家のマッチングの場として機能するだけでなく、投資家が投資先を選定する際に役立つ情報提供や、投資家に対するリスク説明や情報開示などの役割も果たしています。

国内にはイークラウドを含めて以下のような事業者がいます。

【国内の事業者】

イークラウド株式会社

2020年に新たな株式投資型クラウドファンディングサイトとして登場したのがイークラウドです。大和証券グループと連携して事業運営をしています。

2024年3月現在、成約29件ですが、本書の最初に紹介したように、2022年5月、イークラウドを利用して資金調達を行ったスタートアップが上場企業によってM&Aされ、個人投資家に2・69倍のリターンが発生しています。

株式会社FUNDINNO

日本で最も古く、実績が豊富な株式投資型クラウドファンディングサイトが

ＦＵＮＤＩＮＮＯ（ファンディーノ）です。業歴が最も長く、２０２３年12月時点で、成約３５５件、累計成約額約１０７億円の実績があります。

イグジットについては、２０１９年７月に株式会社漢方生薬研究所（現社名・株式会社ハーバルアイ）、２０２０年４月に株式会社ｎｏｍｍｏｃなどが実現しています。

その他、ユニコーン株式会社・ＣＦＡｎｇｅｌｓ株式会社・ＡｎｇｅｌＮａｖｉ株式会社が株式投資型クラウドファンディングの事業者として登録しています。

プラットフォームによって、開示している情報や特徴は少しずつ異なります。信頼できるプラットフォームを見つけて投資するのが良いでしょう。プラットフォームに投資家登録したら、投資可能な案件が案内されるのを待つことになります。

第6章

未来の株式投資型クラウドファンディング

英米先行の株式投資型クラウドファンディング

本章では、株式投資型クラウドファンディングの未来を覗いていきたいと思います。

株式投資型クラウドファンディングは、英国・米国ではすでにメジャーな資金調達手段に成長しています。また、株式投資型クラウドファンディングでの調達を実施した後に、ユニコーン企業に成長したり上場したりするケースも出てきています。

先行する英国・米国市場を見ながら、日本の株式投資型クラウドファンディングのこれからについても考察していければと思います。

図表 42 ｜ イギリス・アメリカの株式投資型クラウドファンディング市場

・英国、米国ではVCやエンジェル投資と並びメジャーな調達手段に成長
・株式投資型CF実施後にユニコーン企業になった事例やIPO事例も複数誕生

イギリスにおける動向

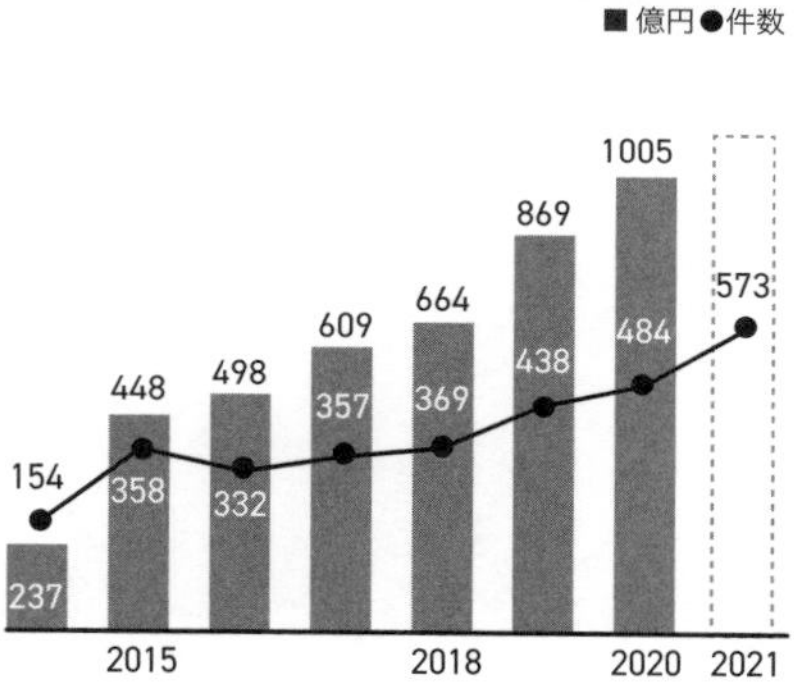

※出所：Statista, 1GBP（ポンド）＝183円で換算

アメリカにおける動向

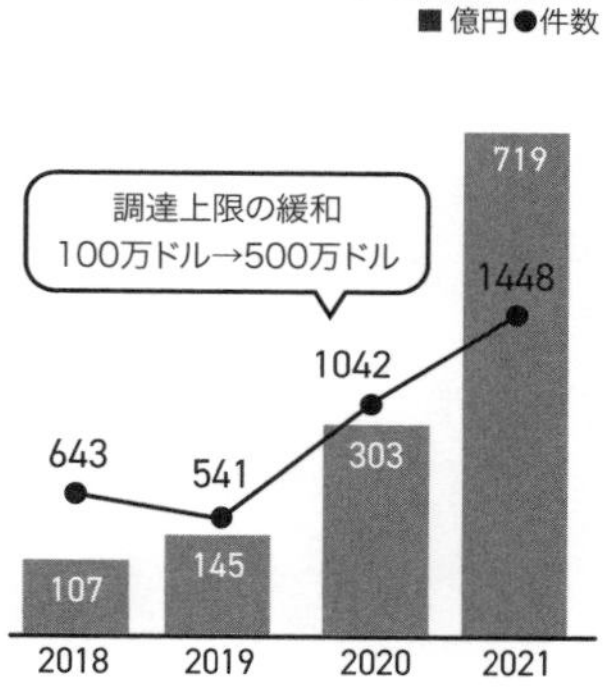

※出所：Kingscrowd,1ドル＝145円で換算

ユニコーン企業

イギリス

ブリュードッグ	クルーズ	レボリュート	モンゾ
クラフトビール	自動運転	チャレンジャーバンク	チャレンジャーバンク

アメリカ

ゼネフィット	チェッカー
人事管理サービス	バックグラウンドチェック

英国・米国の株式投資型クラウドファンディング市場

株式投資型クラウドファンディングの世界市場規模は2018年時点で15・1億ドル（約2197億円）にのぼるとされています。英国における2020年の年間調達額は1000億円を超える規模、2021年の米国では600億円を超える規模となっています。

日本でも株式投資型クラウドファンディングによる調達額は年々増加してきているものの、2022年時点での累計調達額が100億円を超える程度にとどまっており、英国・米国とはかなりの差があることがわかります。

図表43 ｜ 各国の株式投資型クラウドファンディングにおける投資・調達上限

		アメリカ	イギリス	日本
非上場企業	年間調達上限額	500万ドル	800万ユーロ**	1億円未満
投資家	投資上限の対象	年間投資額	年間投資額	1社当たり1年間の投資額
	投資上限額	年収・純資産に応じて2,500~12.4万ドル*	投資可能な金融資産の10%未満***	500万ドル

*認定投資家には投資制限は無し
**目論見書を作成すれば、調達金額が800万ユーロを超える金額を調達可能
***下記の投資家については投資上限額は無し
①プロ投資家　②ベンチャーキャピタル　③投資判断能力があると認定を受けた者
④投資判断能力があると自己申告した者　⑤富裕投資家の認定を受けた者

法規制による違い

国によって株式投資型クラウドファンディングを取り巻く制度も異なります。

日本における調達額・投資額

日本では、スタートアップが調達できる金額が1社あたり、1年間に1億円未満と法令等で定められています。

投資家は、1社あたり1年間で50万円までの投資上限が定められています。

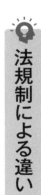

米国における調達額・投資額

投資家側の条件としては、年収や純資産額等の条件によって年間投資可能額が変動します。

①一般的な基準として、年収または純資産額のいずれか少ないほうの5％、もしくは2500ドル（約36万円）の多いほうが年間投資可能額となります。

②次に、年収および純資産額の両方が12万4000ドル（約1800万円）以上の投資家の場合は、年収または純資産額のいずれか少ないほうの10％が年間投資可能額となります（ただし、12ヶ月の期間中に12万4000ドルを超える投資はできません）。

③さらに一定の要件を満たす認定投資家となった場合には、制限を受けることなく投資することが可能になります。

スタートアップ側の年間調達上限額としては、５００万ドル（約7・2億円）の制限があります。

従来は12ヶ月の期間中に１０７万ドル（約１・６億円）までの上限がありましたが、２０２１年3月のＳＥＣ（米国証券取引委員会）によるレギュレーション・クラウドファンディングの上限引き上げが行われ、５００万ドルまで資金調達を行うことが可能となりました。

英国における調達額・投資額

株式投資型クラウドファンディングを通じて投資を行うことができる投資家の条件は以下になります。

①プロ投資家
②ベンチャーキャピタル
③投資判断能力がある投資家の認定を受けた者

④投資判断能力がある投資家として自己申告した者
⑤富裕投資家の認定を受けた者
⑥投資可能な金融資産の10%以上を非上場会社の株式/債権に投資しないことを自己申告した者

出典：日本証券業協会「米英における投資型クラウドファンディングの法制度と利用実態」

①②は属性による条件で、当てはまる場合、業者として投資を行えます。
③⑤は資産による条件で、一定の収入や資産を持つ場合に投資を行えます。
④は自己申告です。エンジェル投資家のネットワークに所属していた人やプライベートエクイティへの投資経験者、年商１００万ポンド（約１・８億円）以上の会社の取締役など、一定の要件を持った投資家が自己申告した場合のみ、条件を満たすことができます。
①〜⑤の条件はかなり厳しい条件のように見えますが、⑥の条件であれば、多くの人が

条件を満たすことができるでしょう。⑥の条件があることで、誰でも投資できる環境を整えていることがわかります。

また英国ではスタートアップの年間調達上限額として、８００万ユーロ（約12・６億円）の制限があります。

募集総額が８００万ユーロ未満である場合には、スタートアップの目論見書の作成義務は免除されます。目論見書の作成義務は免除されますが、プラットフォームは、投資家に提供される情報が正確であること、リスクに関する記述を載せずメリットばかり言及してはならないこととなっています。また日本と同様に、投資先企業に対する適切なデューデリジェンス（投資先の価値やリスクなどの調査）を行い、その内容を投資家に開示することが求められます。

英国・米国では比較的大きな資金を調達できるため、創業直後の企業だけでなく、複数回の資金調達を経て事業フェーズが進んだスタートアップにも活用されています。

各国のプラットフォームについて、主要なものを紹介していきます。

図表44 イギリスにおける株式投資型クラウドファンディングプラットフォームのシェア（2020年3Q）

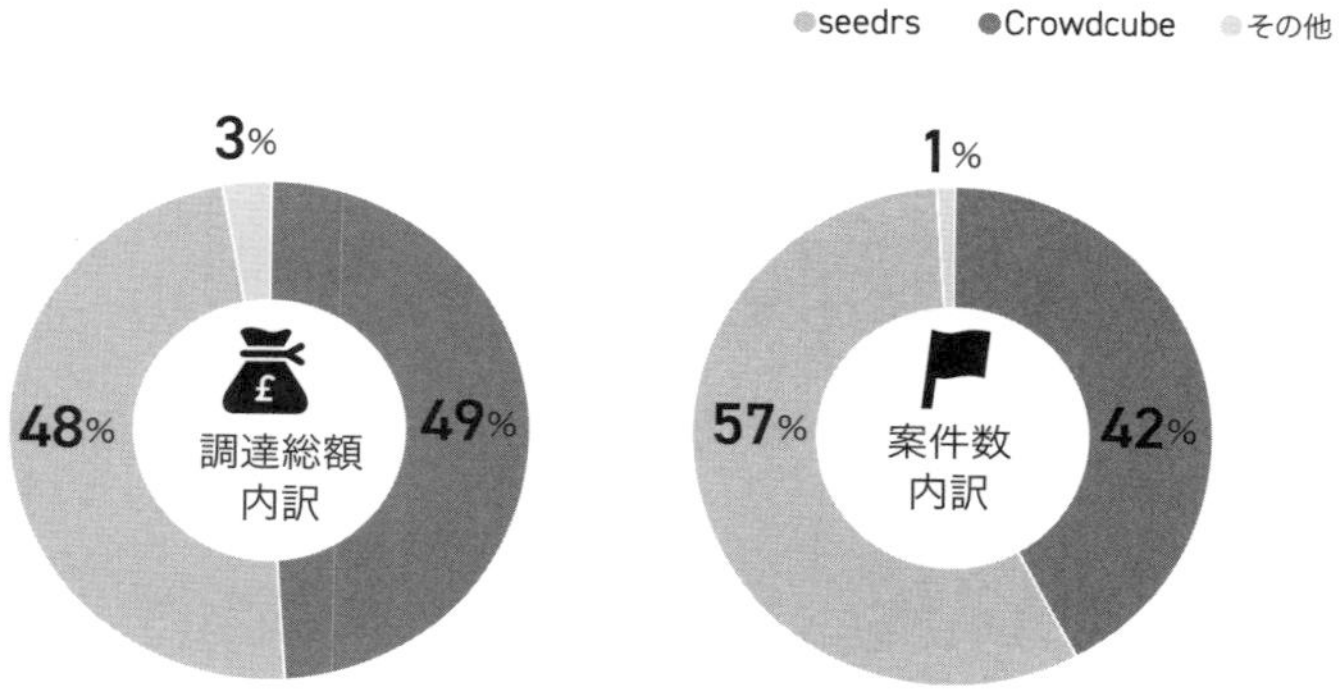

※出所：Equity Crowd Expert「Q2 2020-Quick reports」

英国の株式投資型クラウドファンディングプラットフォーム

イギリスにおける株式投資型クラウドファンディングを担う最大手のプラットフォームはクラウドキューブとシーダーズで、案件数・調達額ともに2社合わせて9割を超えています。２０２０年10月には、２社の合併が発表されましたが、合併には至らず解消されました。英国の競争・市場庁による承認が得られなかったことが原因だと説明しています。

クラウドキューブ（英国）

英国の最大手として、シーダーズとシェアを二分するプラットフォームです。２０２１年の案件数は２３４件、取引額は約2億ポンド（約３６２億円）にのぼります。取り扱いジャンルも幅広く、利用するスタートアップが資金調達後にユニコーン企業に成長したり、イグジットを続々と成功させています。米国のプラットフォームであるシード・インベストと業務提携しています。

図表 45 ｜ 米国における株式投資型クラウドファンディングのシェア

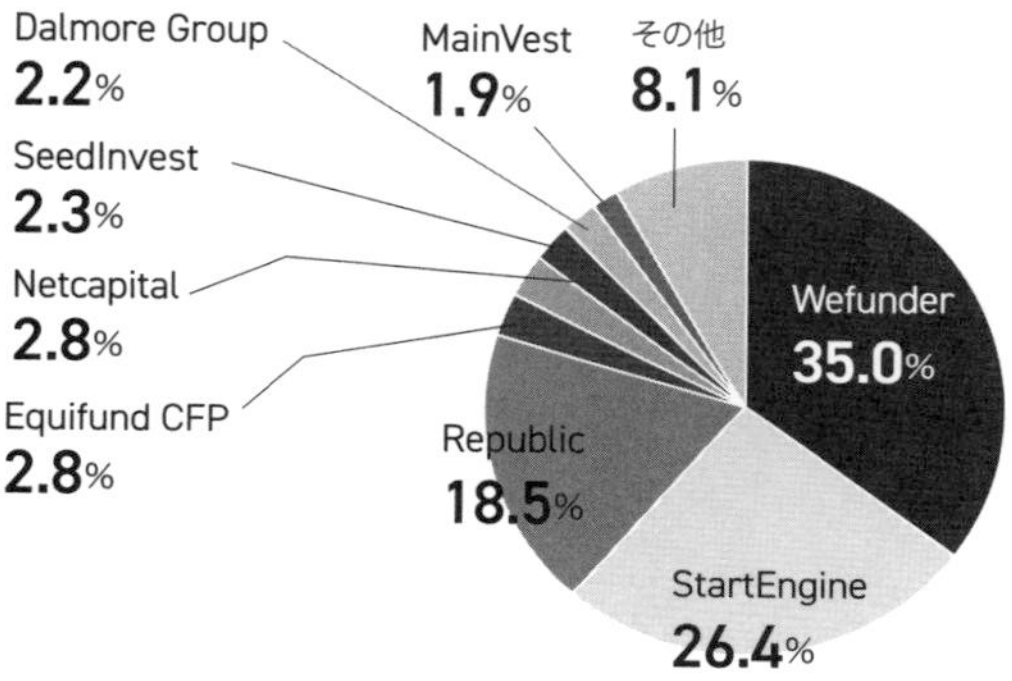

※出典：Crowdwise

シーダーズ（英国）

２０２１年の案件数は２７２件、取引額は約１・３億ポンド（約２３１億円）にのぼります。米国のリパブリックに買収されましたが、２０２３年12月現在、シーダーズとして運営を続行しています。

米国の株式投資型クラウドファンディングプラットフォーム

米国の株式投資型クラウドファンディング市場では業界大手３社のウィーファンダー、

スタートエンジン、リパブリックが業界の約8割のシェアを占め、その他のプラットフォームが残り2割のパイを分け合っている形です。

2022年にロサンゼルスで行われた、起業家や投資家が参加するイベント「エクイティ・クラウドファンディング・ウィーク」では、株式投資型クラウドファンディングの市場規模について「今後数年間で2000億ドル（27兆円）を超える見込み」と紹介されており、米国での勢いがうかがえます。

ウィーファンダー（米国）

ウィーファンダーは米国でのシェアNo・1を誇る株式投資型クラウドファンディングプラットフォームです。2012年に事業を開始し、2024年時点で株式投資型クラウドファンディングのシェアは約3割を占め、登録投資者数は400万人超にも上ります。

図表46 ｜ もし創業直後にウィーファンダーで投資していたら…

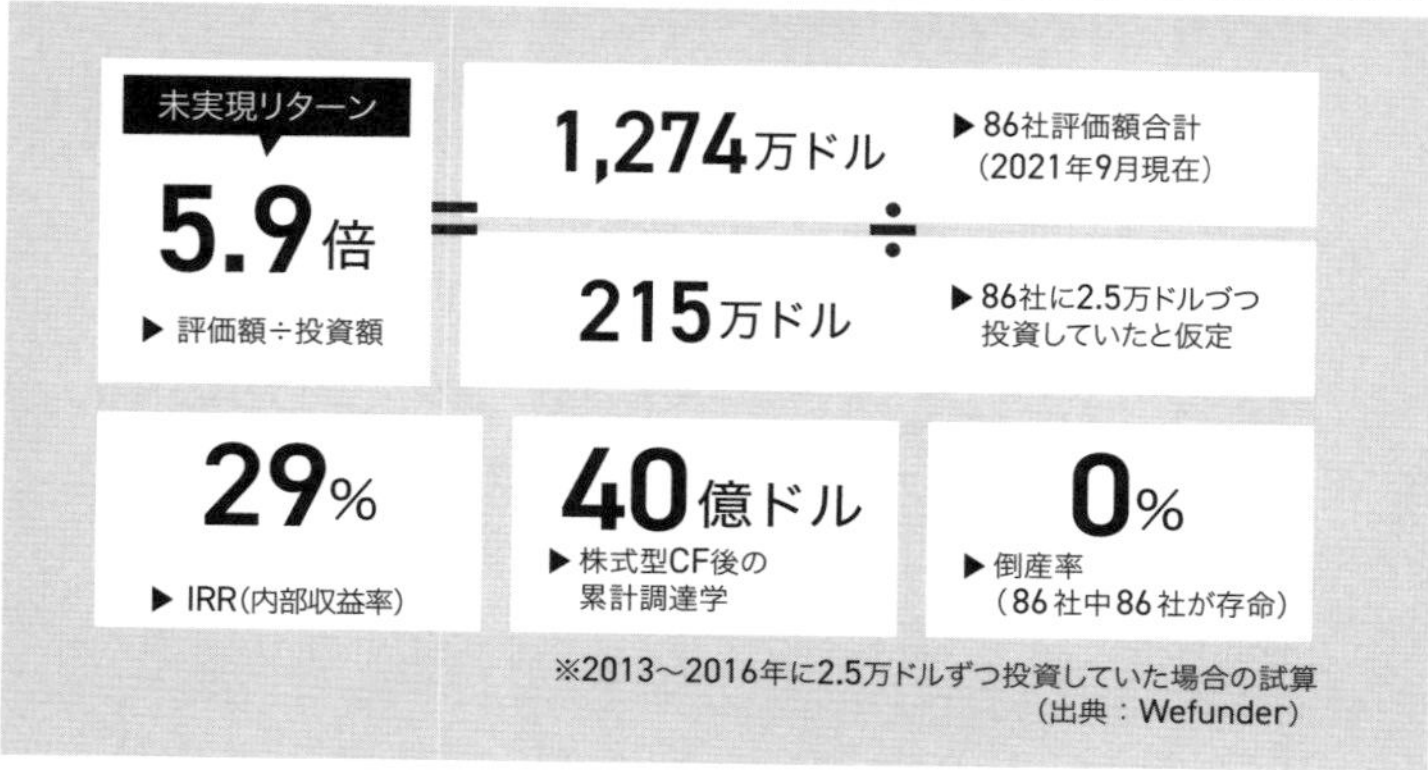

※2013〜2016年に2.5万ドルずつ投資していた場合の試算
(出典：Wefunder)

IRR（内部収益率）は29%
米国トップ25%のVCを上回るパフォーマンス

注目すべきはそのパフォーマンスです。例えば、ウィーファンダーで２０１３〜２０１６年に投資していたと仮定した場合の試算は図のとおりです。ＩＲＲ（内部収益率）は29％で、米国のトップ25％のベンチャーキャピタル（ＩＲＲ：15％）をも上回るパフォーマンスとなります。

強みの一つに、創業者のベンチャー企業ネットワークがあります。ウィーファンダーの創始者ニコラス・トムマレロ氏は、エアビーアンドビーやドロップボックスなど名だたる企業を生み出したスタートアップ養成所「Ｙコンビネーター」の卒業生です。そのネットワークを活かし、サービス開始当初からＹコンビネーター卒業生がウィーファンダーを利用した資金調達を行ってきました。

企業のユーザーを巻き込みながら資金を集められるという側面から、株式投資型クラウドファンディングによる資金調達を「コミュニティラウンド」と提唱しており、専用サイトで、株式投資型クラウドファンディングを通じた資金調達とコミュニティづくりを推進しています。

サイト内では資金調達の結果や、株式投資型クラウドファンディングを利用したことに対する起業家の手ごたえのほか、個人投資家が何に期待して投資したかのコメントなどが掲載されています。「コミュニティが強力になった」「昇給以上に会社の士気を高めた」など、スタートアップ側のリアルな喜びも記載されています。

スタートエンジン（米国）

ウィーファンダーと米国のシェアを競い合うプラットフォームです。２０２２年に、同じく米国のシード・インベスト社を買収しました。これにより合計で１７０万人の投資家を擁する、米国最大級規模のプラットフォームが誕生したことになります。また、この買収によってイグジットに至った社数は合計で37社となり、自社調べでは業界トップの数だとしています。株式投資型クラウドファンディングを通して取得した株式を、別の投資家と売買できるセカンダリー向けプラットフォームも同時に展開しています。

また、ユニークなサービスとして年会費２７５ドルの「スタートエンジン・オーナーズボーナス」を提供しています。株式投資型クラウドファンディングの投資額に対して10％の「ボーナス株」を獲得できたり、応募超過の人気案件に投資する場合に優先的に登録されたりといった特典があります。

リパブリック（米国）

ウィーファンダー、スタートエンジンの２社と比べ案件数は少ないですが、米国での年間調達上限額の５００万ドル（約７・２億円）に達する大型の案件を成功させる例が比較的多いプラットフォームです。２０２２年に、英国のシーダーズを１億ドル（約１４５億円）で買収しました。

これにより、北米と欧州でサービスを提供する初の国際的なプラットフォームが誕生することとなりました。リパブリックは買収契約と同時にシーダーズへ多額の出資を行い、欧州での事業拡大を加速させる方針を表明しています。

このグローバルプラットフォームの誕生によって、株式投資型クラウドファンディングの国際的な存在感が高まることが期待されます。

株式投資型クラウドファンディングを利用した海外のユニコーン企業

このように、英国・米国では株式投資型クラウドファンディングが急速に成長し、メジャーな資金調達手段の一つとしてさまざまなステージのスタートアップが利用しています。中には、その後ユニコーンに成長する企業も出てきています。

ここでは、その代表例を見ていきましょう。

設立3年でユニコーン企業に。英国のチャレンジャー・バンク「レボリュート（Ｒｅｖｏｌｕｔ）」

レボリュートは海外送金や外貨両替を中心に、支払い通知、自動家計簿、予算管理、個人間決済、暗号資産取引や手数料無料の株取引まで、アプリひとつでシームレスな金融サービスを利用できる世界最大規模のチャレンジャー・バンクです。

２０１８年４月に17億ドル（約２４６５億円）の時価総額でユニコーン企業入りし、２０２１年時点のユーザー数は世界全体で１５００万人を突破したとされます。

２０２１年７月には、ソフトバンクグループ傘下のファンドなどから約８億ドル（約１１６０億円）を調達しました。この資金調達でレボリュートの時価総額は約３３０億ドルに。２０２０年２月の調達時から１年半で６倍となり、英国で最大規模のフィンテック企業となりました。

図表 47 ｜ レボリュートは株式投資型クラウドファンディングで 2 度の資金調達を実施

	調達年	プラットフォーム	調達額	支援者数	調達後評価額
1	2016年	Crowdcube	約1.3億円	433名	約55億円
2	2017年	Seedrs	約5.4億円	4,260名	約398億円

※2016年：1ポンド130円、2017年：1ポンド142円

レボリュートは創業2～3年目のタイミングで2度にわたり、株式投資型クラウドファンディングによる資金調達を実施しています。非上場のため証券取引所での株式売買はできませんが、英国のプラットフォームが運営する市場での売買が可能です。レボリュート株は毎回、数分で買い手がつくほどの人気といわれます。

また、2016年時点から時価総額は660倍にまで成長しているので、出資してそのまま持ち続けている投資家には、多くの評価益が発生していると予想されます。

図表48｜ブリュードッグは株主を応援団として成長

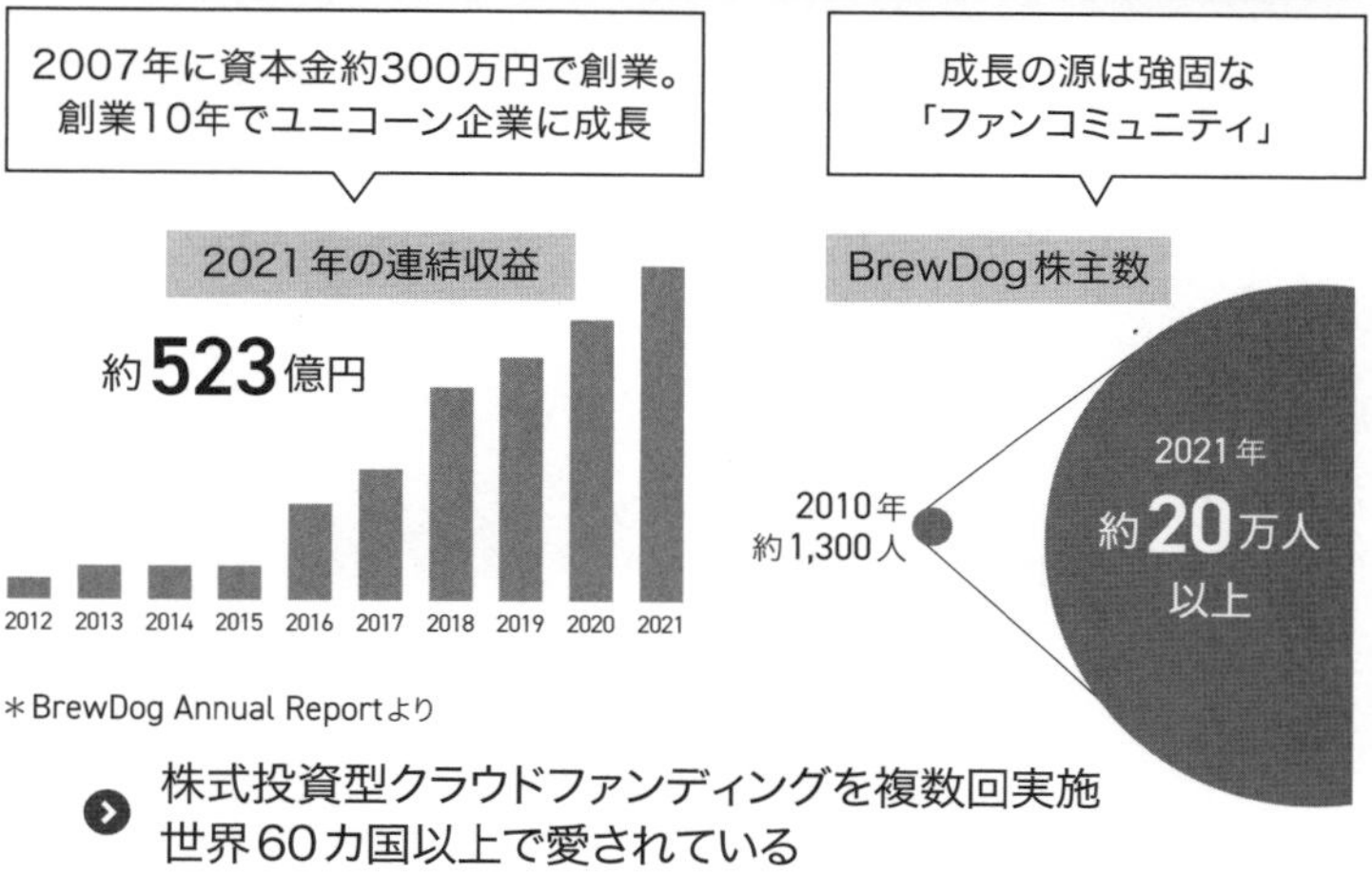

2007年に資本金約300万円で創業。
創業10年でユニコーン企業に成長
成長の源は強固な
「ファンコミュニティ」
2021年の連結収益
約523億円
2012 2013 2014 2015 2016 2017 2018 2019 2020 2021
BrewDog株主数
2010年
約1,300人
2021年
約20万人

＊BrewDog Annual Reportより
株式投資型クラウドファンディングを複数回実施
世界60カ国以上で愛されている

20万人以上の株主が応援団に。英国を代表するクラフトビールメーカー「ブリュードッグ」

ブリュードッグは、２０１７年４月に10億ドルの時価総額でユニコーン入りした、英国を代表するクラフトビールメーカーです。設立８年で売上82億円、設立10年で年平均68・４％（２０１０年～２０１７年の７年間）のＲＯＩ（投資利益率）を出しています。

ブリュードッグは商品のファンを株主として巻き込み、コミュニティを効果的に活用しながら認知度を高め、成長した事例として注

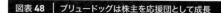

目されています。

創業当初から提唱している「パンク精神」や価値観に共感する仲間を集めるため、複数回の株式投資型クラウドファンディングを実施し、全世界で20万人以上の株主が存在しています。直近の調達は2019年で、英国のクラウドキューブを通して約330万ポンド（約6億円）を調達しています。

ブリュードッグ創業者のジェームズ・ワットは、著書の中で次のように語っています。

> ブリュードッグには今、3万人（当時）の株主がいて、ひとりひとりがブランド・アンバサダーになってくれている。
> そして、それぞれがブリュードッグを自分のものと思い、クラフトビールという言葉を広めている。
> おそらくこれは、予算ゼロで実行できる史上最高に効果的なマーケティング活動だろ

う。

ビジネス・フォー・パンクス　p175より

ブリュードッグは株主が参加できるコミュニティサイトを運営し、その中ではユーザー同士の自由な交流や意見交換が行われています。事業推進にもコミュニティを活用しており、新商品の開発やバーの新規出店などにコミュニティの意見やアイデアを取り入れているのが特徴です。

またブリュードッグの日本法人では、日本市場の開拓のためにファンに協力を仰ぐ施策を実行しています。日本市場における、認知度向上と価値観の浸透という2つの課題に対してアンバサダープログラム「ブリュードッグ・パンクス・プログラム」を取り入れています。「ブリュードッグの価値観に共感してもらえるか」を軸に候補者を選定し、アンバサダーとしてSNSなどを基盤に広めてもらうという内容です。

9日間で約33億円の申込み。プラットフォームの申込み最高額記録を塗り替えたスタートアップ向け銀行・「マーキュリー」

マーキュリーは、米国・サンフランシスコに拠点を置くスタートアップ向け銀行です。2022年時点で180ヵ国10万社を超える企業が利用しており、年間取引額は500億ドルを超えるとしています。2021年に16億ドル（約2320億円）の時価総額でユニコーン入りしました。

主要株主にアンドリーセン・ホロウィッツ、ドリーマーズ・ファンド（ウィル・スミス、本田圭佑氏ら）などが名を連ねる同社は、2021年に1億2000万ドル（約174億円）のシリーズB調達を完了しました。この調達のうち500万ドル（約7・2億円）を株式投資型クラウドファンディングで調達しています。「創業時から支えてくれたユーザーを巻き込み、利益を還元したい」というのが主な目的です。

募集開始90分で投資家からの申込み額は目標額の500万ドルを難なく突破。9日間の募集期間での申込み額は2300万ドル（約33億円）にも上り、これは当時のウィーファンダーの最高記録を打ち破ったそうです（残念ながら、500万ドルまでしか調達できないのですが）。このラウンドで新たに増えた投資家のうち75％が自社の顧客とのことで、顧客を株主として巻き込みたいという当初の狙いは達成できたようです。

メール1通で6時間後に500万ドルの申込み。健康増進アプリ開発・「レベルズ」

ウィーファンダーで2022年に調達を実施したレベルズは、体に貼り付けて利用する健康維持用のウェアラブルデバイスを提供しています。シリーズAラウンドで全体で3800万ドル（約55億円）の調達を実施し、そのうちの500万ドル（約7・2億円）を株式投資型クラウドファンディングで調達した形です。

図表49 ｜ 募集開始から6時間後に上限募集額に到達した「レベルズ」

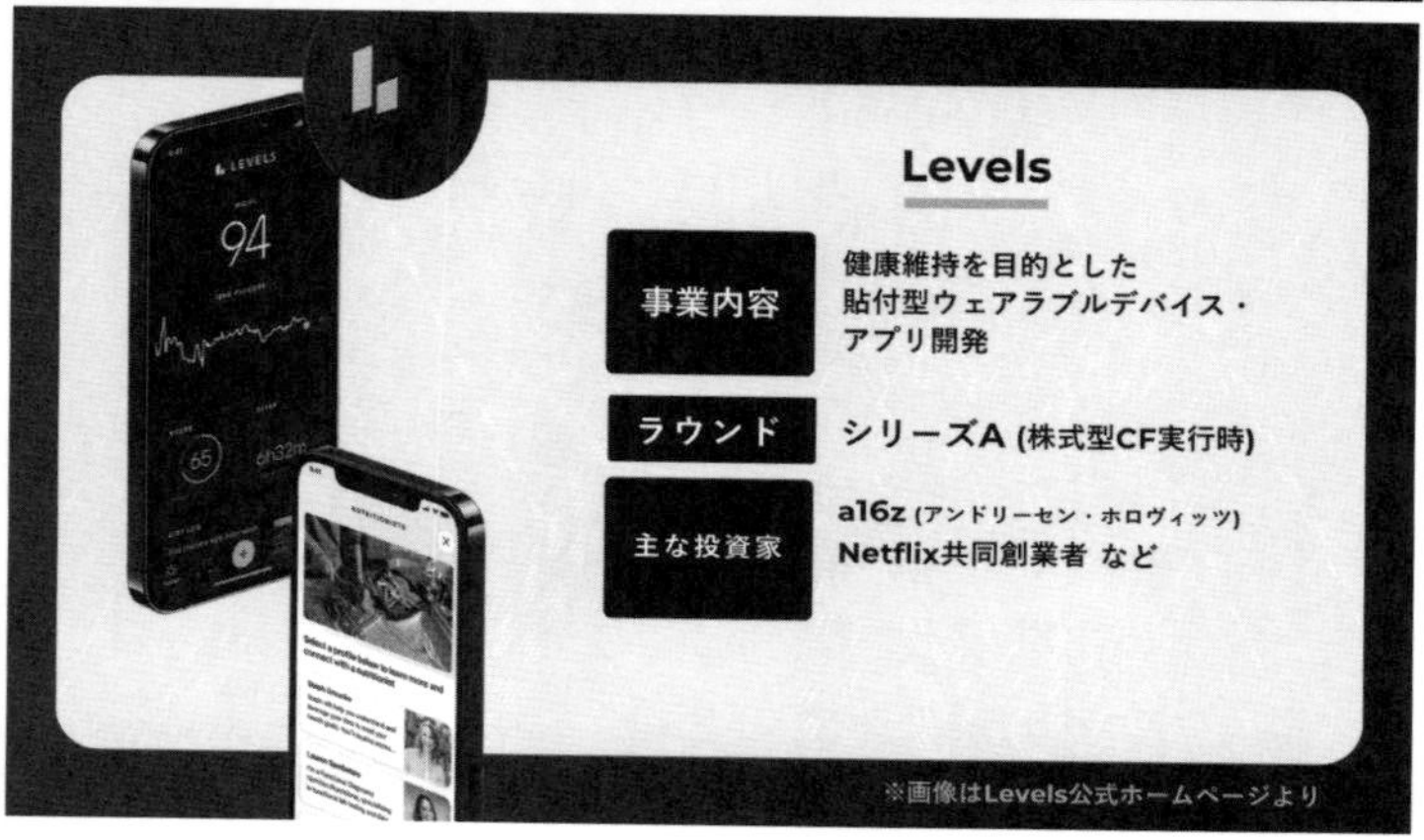

募集開始6時間で上限募集額の500万ドルを達成し、既に同社のサービスや製品を使用しているユーザーを株主として会社に巻き込むことに成功しました。

レベルズは情報のオープン性や透明性を重視しており、創業期から投資家向け情報や全社ミーティング等をWebサイト上でその多くを公開しています。

レベルズは、株式投資型クラウドファンディングを実施した意図について次のように説明しています。

我々は透明性と開放性を同社の価値観や文化の中核に置いており、それを体現するためには、資金調達においてユーザーも投資家として参加できる機会を作りたいと考えました。

（中略）今回の募集を行ったのは、資金が不十分だったためではなく、我々の関係者を会社にもっと巻き込むためです。

ウィーファンダーの株式投資型クラウドファンディング 募集ページにて

「コミュニティラウンド」の魅力

レベルズＣＥＯは、株式投資型クラウドファンディングの魅力は大きく２つあると語っています。

①ユーザーが株主となり、成長を期待して関わってくれるようになること
②サービスに対して強い関心や信頼を抱く株主を巻き込み、採用活動等に活用できること

このうち①の、既にサービスユーザーである層から資金調達を行い、さらに関係性を深めることは「コミュニティラウンド」とも呼ばれます。

「コミュニティマーケティング」という言葉を聞いたことはあるでしょうか。自社サービスのユーザーの輪（コミュニティ）を活用して商品やサービスが売れる仕組みをつくること（マーケティング）を指し、近年は日本国内でもその手法を取り入れる企業が増えてきました。

株式投資型クラウドファンディングでは、商品とユーザーの関係を、企業とそれを応援

したい株主と捉え、株主を巻き込んで事業成長を加速していく考えが浸透してきています。

実際に株式投資型クラウドファンディングを通して参加した株主はその企業が提供するサービスのユーザーであることも多く、サービスを理解してくれているユーザーが株主としても参加してくれることで、より強い信頼関係を築けるという期待もあるようです。

こういった、ユーザーとのコミュニティを利用して資金調達を行う「コミュニティラウンド」の事例は日本ではまだメジャーとまではいかないものの、英国・米国ではユーザーやファンを株主として巻き込むことを目的に株式投資型クラウドファンディングが利用されるケースも多くなってきています。

非上場株式のセカンダリー市場について

英国・米国のセカンダリー市場についても触れておきたいと思います。

セカンダリー市場とは、流通市場とも呼ばれ、既に発行された株式や債券を投資家間で売買する市場のことを指します。たとえば、株式投資型クラウドファンディングを通して取得した株式を、別の投資家と売買することができるというものです。

投資家にとっては、一度取得した株式を企業のイグジットを待たずに別の投資家へ売却するという選択肢があるため、最初の投資に対するハードルが低くなります。

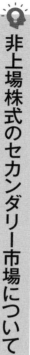

英国における非上場株式のセカンダリー市場

英国では、株式投資型クラウドファンディング市場の大部分を占めるプラットフォームのクラウドキューブやシーダーズにより独自のセカンダリー市場の整備が進みました。

特にシーダーズはセカンダリー市場に積極的に取り組んでおり、２０１７年より自社の株式投資型クラウドファンディングを通じて募集を行った銘柄、およびその株主が売買できるセカンダリー市場の開設を試験的に開始しました。その後２０１８年にはシーダーズの株主だけでなく、すべての投資家に対して市場を開放しています。

シーダーズのセカンダリー市場における取引額は設立から２０２３年現在までに２０００万ポンド（約36・６億円）を超えたといわれます。現在では毎月６００社以上の企業が投資対象となり、平均で約64万ポンドの取引が行われています。

クラウドキューブでは、2021年にセカンダリー株式のマーケットプレイスを公開し、ヨーロッパのスタートアップを対象に提供を開始しています。実際にマーケットプレイスを利用した投資家の中には、最大47倍のリターンを得た人もいたということです。

米国における非上場株式のセカンダリー市場

株式市場を通じたIPOが過半数を占めると言われる日本に比べ、北米では、株式市場を介さないセカンダリー・セールやトレード・セールのシェアが高くなっています。この背景として、IPO審査の厳正化、非上場株式の流動性への需要があります。

米国では1990年代後半のインターネットバブル期に多くの企業が上場を果たしましたが、バブル崩壊後には資本市場が慎重になり、上場企業の数は1990年代後半の最盛期から20年でほぼ半減しました。

さらに大企業の相次ぐ会計不正スキャンダル事件を受け、２００２年に上場企業に対する財務報告と内部統制の要件が強化されました。これが上場のハードルとなり、ＩＰＯの基準を満たしながらも上場を遅らせる新興企業が増加しているといわれます。

米国には、証券取引所が運営する公式の上場市場とは別に、非上場株式の取引が行われる店頭（ＯＴＣ）市場が存在します。このＯＴＣ市場は一般の個人投資家も参加できるものの、企業には米国証券取引委員会（ＳＥＣ）への登録義務が課されており、特にスタートアップにとっては負担となることがあります。

非上場株式の流動性への需要に応えるため、２０００年代以降に登場したのが、登録義務に関する免除を利用できるオンラインの取引プラットフォームです。シェアーズポスト（現フォージ・グローバル）とセカンドマーケット（現ナスダック・プライベート・マーケット）の2社が、フェイスブックなどの有名な非上場企業の株式をＩＰＯ前に取り扱い、注目を集めるようになりました。

こういったプラットフォームの登場も受け、セカンダリー市場における取引は２０１０年代以降に急速に増加。取引規模は約20年間で30倍近くにも成長しています。

このように、英国・米国ではそれぞれ独自にセカンダリー市場が整っていったことで、個人投資家に対しても非上場企業の株式の流動性を一定程度担保する選択肢ができ、非上場株式への投資がより活発になっていったと考えられます。

日本における非上場株式のセカンダリー市場

日本における非上場株式のセカンダリー市場についてもお話ししておきます。

従来、株式投資型クラウドファンディングにおいては流通市場が存在せず、ＩＰＯやM&Aのようなイベントが発生しない場合、売却相手を探すことは困難でした。

図表50 ｜ 株主コミュニティ制度の概要図

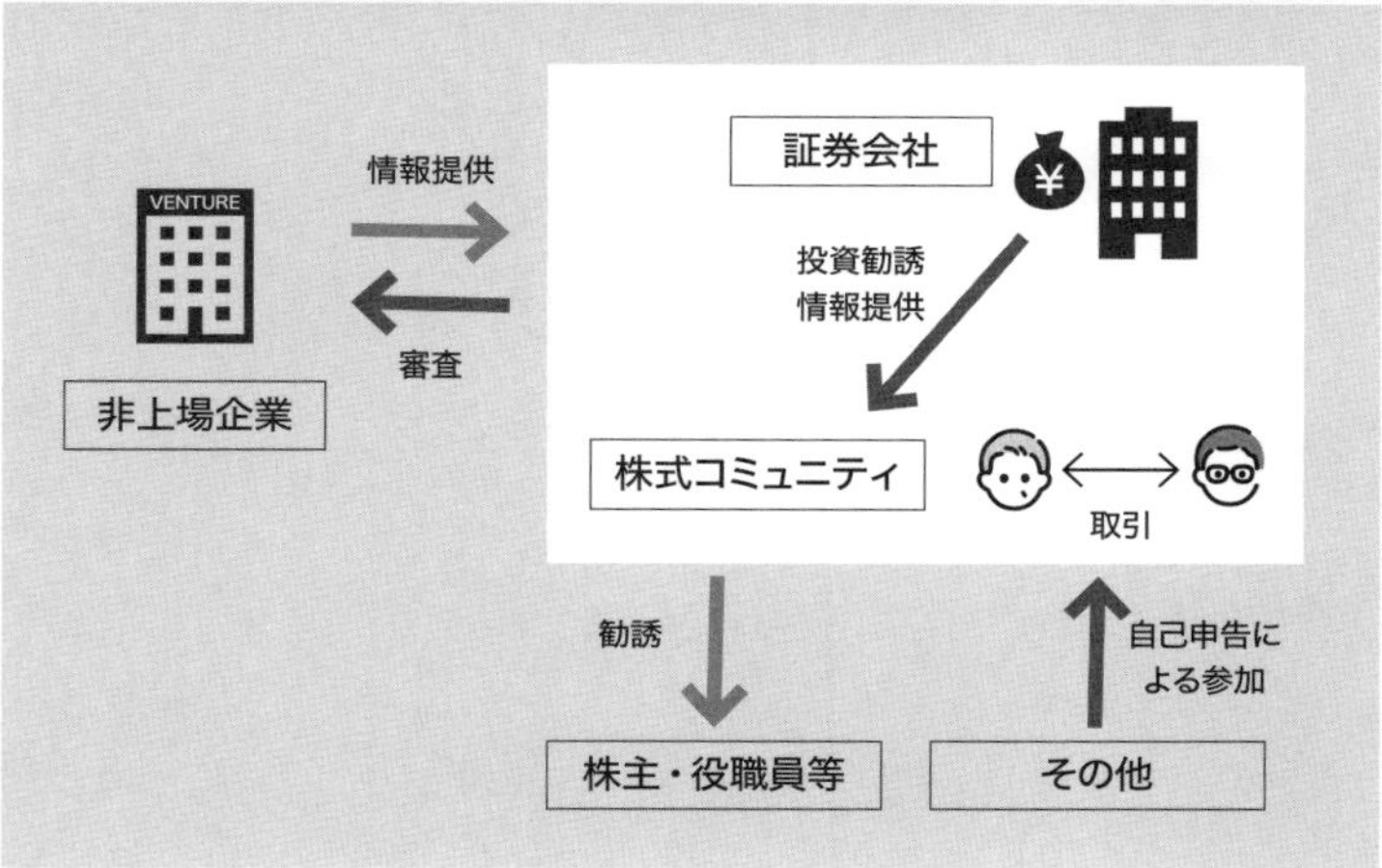

２０２１年に日本クラウドキャピタル社（現　株式会社ＦＵＮＤＩＮＮＯ）が「株主コミュニティ」という制度を活用し、非上場株式の流通市場「ファンディーノマーケット」を提供しています。株主コミュニティとは、日本証券業協会により設置された「地域に根差した企業等の資金調達を支援する観点から、非上場株式の取引・換金ニーズに応えることを目的として、２０１５年5月に創設された非上場株式の流通取引・資金調達の制度」のことです。

この制度により、銘柄ごとに設けられたコミュニティに参加することで株式の売買が可能となり、ＩＰＯやＭ＆Ａ以外の新たなイグジットの場が生まれ、一定の流動性が生まれたことになります。

株式投資型クラウドファンディングを取り巻く国内環境に前進の兆し

日本におけるエンジェル投資にはまだまだ課題も残りますが、ここ数年で環境が大きく変わってきました。

この節では国内における株式投資型クラウドファンディングを取り巻く動向について、主な論点や今後ニュースで注目していただきたいポイントを挙げています。

「骨太の方針」および「新しい資本主義」の実行計画改訂版に株式投資型クラウドファンディングが追加

スタートアップの増加や成長は、国内経済を刺激しうる起爆剤として国を挙げた期待がかけられています。２０２２年に岸田政権は看板政策「新しい資本主義」実行計画を策定し、「スタートアップ育成」や「資産所得倍増」などを目玉施策に掲げました。

２０２３年、政府の「経済財政運営と改革の基本方針２０２３」（骨太の方針）と、「新しい資本主義のグランドデザイン及び実行計画２０２３改訂版」（「新しい資本主義」の実行計画改訂版）が公表・閣議決定され、スタートアップのための資金供給強化策として「株式投資型クラウドファンディングの活用に向けた環境整備」が盛り込まれています。

「1年間に1社1億円未満」の調達上限の緩和

論点の一つは、スタートアップの年間調達上限額です。

日本の株式投資型クラウドファンディングには「1社当たりの1年間の調達額の上限1億円未満」の壁が存在しています。1億円という金額は一見大きな額のようにも思えますが、国内スタートアップの1社当たりの調達金額は平均で2・4億円（出所：イニシャル、2024年）。創業初期の「死の谷」を乗り越えたスタートアップの資金調達実績の平均額からみた場合には十分とはいえず、実際のニーズとの乖離があるのが現状です。

この現状を鑑みて、2023年には「新しい資本主義」の実行計画改訂版、および金融庁の金融行政方針に「米国等の諸外国の事例を参照し、開示等の必要な投資家保護策と併せ、例えば現行の1億円から5億円にする等の拡充を検討すること」が盛り込まれました。

実際に米国では、２０２１年に株式投資型クラウドファンディングの調達上限額が１０７万ドルから５００万ドルにまで引き上げられたのち、調達額は前年比２３１％、取扱件数は前年比１４４％にまで成長しました。上限の５００万ドルの満額調達を達成するケースも複数見られています。

日本でも調達上限額が拡大されれば、より幅広いスタートアップが株式投資型クラウドファンディングを活用しやすくなると予想されます。投資家にとっても、よりＩＰＯに近いステージの成熟したスタートアップに投資できるようになり、投資リターン獲得の可能性を高められるような好循環を実現できるのではないでしょうか。

「1年間に1社あたり50万円まで」の投資上限の引き上げ

もう一つの論点は「年収や資産に応じた投資上限の検討」です。

現在、個人投資家に対しては、1人が1年間で同じ企業に投資できる金額は50万円までとする規定が存在します（いわゆるプロ投資家に当たる「特定投資家」は50万円超の投資が可能です。第3章のコラムをご覧ください）。

こちらも「新しい資本主義」の実行計画改訂版、および金融庁の金融行政方針において「現行の50万円から例えば100万円にする等、年収や資産に応じて投資上限の拡充を検討すること」が盛り込まれました。

イークラウドに登録している個人投資家に行ったアンケート（2021年実施、回答数599人）では、約35％の方に50万円を超える金額の投資ニーズがあるとの結果が出ており、一般の投資家にとってはスタートアップ投資の足かせとなっている側面があります。

先にご紹介したように英国は、日本の約30倍以上の市場規模をもつ「株式投資型クラウドファンディング先進国」ですが、多くの投資家にとっての投資上限額が「金融資産の10％未満」と、投資家の資産に合わせる形の設定になっています。日本でも年収や資産に応じた投資上限設計が採用されることで、エンジェル投資が今より投資家のニーズに即したものになり、発展することが期待されます。

今後も注目が集まる株式投資型クラウドファンディング市場

これら「調達上限額の緩和」「投資上限額の引き上げ」については、金融庁の金融審議会で具体的な議論がなされてきました。２０２３年12月には報告書が出され、「発行総額上限を引き上げ、５億円未満とすることが適当」「投資家の年収や純資産に応じて、投資上限を定めることが適当」と結論づけられました。

2024年以降、実際の制度改正に向けた、さらなる議論が進捗すると予想されます。

さまざまな社会課題の解決を目指すスタートアップと個人投資家とを結びつける株式投資型クラウドファンディングは、「新しい資本主義」の要である「資産所得倍増」「スタートアップの起業加速」「社会的課題の解決」とも親和性が高く、ひとつの力になれるはずです。

今後の株式投資型クラウドファンディングの動向を、環境や制度面の動きと併せて注目していただけると幸いです。

おわりに

本書を最後までお読みいただき、誠にありがとうございます。

冒頭でも触れたとおり、私自身はこれまでサイバーエージェント・ベンチャーズ（現サイバーエージェント・キャピタル）やXTech Venturesなどのベンチャーキャピタルで、さまざまなスタートアップへの投資を担当してきました。ベンチャーキャピタリストはスタートアップに投資をして金銭的なリターンを出すことにコミットする仕事ですが、起業家やスタートアップから目に見えないリターンも多く得てきたと思っています。

スタートアップというレンズを通じて、さまざまな社会課題や業界構造、新しいビジネスモデルや技術革新、チームマネジメントやマーケティング・PRに至るまでさまざまな情報に触れたことで、自分自身が見える世界が大きく広がり、さまざまな事柄への解像度も高まりました。

人生は一度きりです。自分自身の人生のレールを増やすことはできませんが、スタートアップへの投資を通じて、別のレールを走る起業家が見た景色やドラマを特等席で視聴できるような経験が得られるのです。

個人によるスタートアップへの投資「エンジェル投資」がもたらすものも、未来の経済を支えるスタートアップの金銭的支援にとどまらないと考えています。

起業や転職などを通じてスタートアップに直接関わっている方以外にも、エンジェル投資を通じてスタートアップに関与する方が増えていくことで、社会課題やイノベーションに対する関心がより一層高まり、多くの人が理想の未来を描き、挑戦できるような社会を目指せると考えています。さらに、株式投資型クラウドファンディングという仕組みによって、多様な個人がそれぞれの関わり方で自らの知見やネットワークなどをスタートアップへ還元していき、経験や知識や人脈の循環が起こっていくことも期待しています。

本書がエンジェル投資や株式投資型クラウドファンディングの理解と関心を深める一助となり、新たな投資の可能性を拓くきっかけとなれば、これほど嬉しいことはありません。

最後になりますが、本書の完成までには、社内外の多くの方々に多大なるご協力をいただきました。この本を出版するにあたってご協力いただいた個人投資家の皆様、スタートアップの経営者の皆様、そしてサポートしてくれた社内のメンバー、ありがとうございました。心より感謝いたします。

イークラウド株式会社 代表取締役　波多江直彦

MEMO

MEMO

MEMO

MEMO

【著者】
波多江 直彦

1983年東京生まれ。

2006年慶應義塾大学法学部卒業後、サイバーエージェントに入社。

広告代理部門、スマホメディア、オークション事業立ち上げ、子会社役員等を経て、サイバーエージェント・ベンチャーズで投資事業に従事。

その後XTech Venturesにてパートナーとして、VR・SaaS・モビリティ・HRTech・シェアリングエコノミー・サブスクリプションサービス等へ投資。

スタートアップ投資の世界をプロだけでなく個人投資家にも開かれたものにすべく、2018年7月にイークラウド株式会社を創業。

日本一やさしい
非上場スタートアップ投資の教科書

2024年6月20日　初版第1刷発行

著　者　波　多　江　直　彦
発行者　延　對　寺　　哲
発行所　株式会社 ビジネス教育出版社

〒102-0074　東京都千代田区九段南 4 − 7 − 13
TEL 03(3221)5361(代表)／FAX 03(3222)7878
E-mail ▶ info@bks.co.jp　URL ▶ https://www.bks.co.jp

印刷・製本／ダイヤモンド・グラフィック社
ブックカバーデザイン／飯田理湖
本文デザイン・DTP／ダイヤモンド・グラフィック社
落丁・乱丁はお取替えします。

ISBN978-4-8283-1072-5